딸아 성교육 하자

건강한 성 관점을 가진 딸로 키우는 55가지 성교육법

딸아 성교육 하자

초판 1쇄 발행 2021년 6월 3일
초판 4쇄 발행 2023년 3월 17일

지은이 김민영

발행인 백유미 조영석

발행처 (주)라온아시아
주소 서울특별시 서초구 효령로 34길 4, 프린스효령빌딩 5F

등록 2016년 7월 5일 제 2016-000141호
전화 070-7600-8230   **팩스** 070-4754-2473

값 14,300원
ISBN 979-11-91283-49-5 (14370)
       979-11-91283-50-1 (세트)

라온북은 독자 여러분의 소중한 원고를 기다리고 있습니다. (raonbook@raonasia.co.kr)

딸아 성교육 하자

건강한 성 관점을 가진
딸로 키우는 55가지 성교육법

김민영 지음

RAON
BOOK

우주를 키우고 있는
모든 양육자를 위한 책

대학교 2학년 때부터 품고 있던 꿈이 있었다. 대한민국을 변화시키는 성교육 강사가 되는 것. 하지만 대학교를 다니며 백방으로 찾아다녔지만 성교육 강사가 되기 위해 훈련받을 수 있는 곳은 없었다. 꿈을 마음에 넣어두고 청소년지도학 전공을 살려 복지관에 취직했다. 청소년들을 만나보니 성교육이 얼마나 중요한지 새삼 다시 깨닫게 되었고, 그 길로 무작정 서울로 올라와 성교육 전문 기관에서 훈련을 받았다.

그렇게 공부를 하다 첫 강의 시연을 하고 돌아온 것은 혹평이었다. "너는 강의는 안 되겠다. 상담은 잘하던데 그쪽으로 가."

대단하게만 보이던 한 선배 강사가 했던 말로 인해 오랫동안 꿈꿨던 성교육 강사라는 꿈을 접어버렸다. 그 이후에도 종종 성교육 강의를 요청받았지만, 강의를 못하는 사람이라는 생각에 모두 거절했다. 그러다 대학원에서 상담학을 공부하고 있을 때 문득 한 사람의 평가로 인해 더 이상의 도전을 하지 않는다는 게 바보같이 느껴졌다. 마침 강의 요청을 해주신 곳이 있어 떨리는 마음을 다잡고 용기를 내 강의를 했다.

강의도 초심자의 행운이라는 게 있는 걸까? 진심으로 최선을 다해 준비했던 마음이 통했던 걸까? 나의 첫 강의를 들은 양육자 중에는 눈물을 흘리는 사람도 있었고, 감사하다며 손을 붙잡고 행복해하던 사람도 있었다. 상담사들은 상담 일을 10년, 20년 하다 보면 내공은 늘어날 수 있지만 다시는 경험하지 못하는 것이 하나 있다고 말한다. 바로 상담 초심자가 처음으로 내담자를 대면하는 순간의 느낌이다. 나도 첫 강의 때의 떨림과 긴장, 대중과 소통했던 그 순간을 잊을 수가 없다. 그 순간의 느낌 때문에 아직까지 강사로 살아가고 있는 듯하다.

강의를 시작한 지 13년이 되었다. 여전히 내가 강의하는 것보다 다른 사람의 강의를 듣는 것이 더 좋다. '성'이라는 것이 아직도 많이 어렵고 흥미롭기 때문이다. '성'은 끊임없이 변한다. 기본 진리를 바탕으로 사회문화적인 흐름에 따라 개념도 변하고 인식도 변한다. 의학과 과학의 발전으로 지식이 변하는 경우도 있다. 그래서 더 재미있고 매력적인 분야라고 생각한다.

아이들은 연령마다 발달해야 하는 부분들이 있고, 또래들보다 발달이 늦어지면 양육자로서 불안할 수밖에 없다. 만약 우리 아이의 어떠한 부분이 부족하다고 판단되면 치료를 받게 해서라도 또래와 비슷하게 맞추려고 애쓴다.

그런데 흥미로운 점은 아이들의 성발달만은 부모 대부분이 최대한 늦게 완성되길 바란다는 것이다. 언어, 운동, 학업 같은 발달은 또래보다 빠르면 더 기쁘게 생각하는데, 성적인 발달은 시작조차 두려워하는 경우도 있으니 참 아이러니한 일이다. 발달에는 시기가 있다. 언어나 운동, 학업이 그렇듯 성발달도 적절한 시기에 잘 진행되어야 건강하게 잘 성장할 수 있다.

최대한 미루고 미루다 스무 살이 되면 갑자기 성에 대한 지식이나 기준이 생기는 것이 아니다. 어릴 때부터 서서히, 조금씩, 연령과 발달 정도에 맞춰 성교육을 시켜줘야 어른이 되었을 때 자신만의 기준을 가지고 주체적으로 행동할 수 있다. 특히 지금은 주체성을 가지지 않는 것이 여성으로서의 미덕이라 여겼던 옛날과는 시대가 많이 달라졌다. 여성들도 조금씩 자신의 목소리를 내고 그 목소리가 사회에 반영되도록 열심히 움직이고 있다. 그리고 그런 변화 속에 우리의 딸들이 살아가고 있다.

최근 3~4년은 '성'에 대한 개념과 인식이 폭풍처럼 변화하는 과도기라고 볼 수 있다. '성'이라는 것이 사회적으로 드러나기 시작했고, 어릴 적 성교육을 제대로 받지 못했던 많은 양육자가 빨라진 세상의 변화와 방대한 정보에 치이며 아이들을 키우고 있다. 하지만 이런 과도기에서 양육자들은 다리 역할을 제대로 해주어야 한다.

나는 하루가 멀다 하고 터지는 성에 관련된 사건과 문제 속에서 혹시 우리 아이도 위험에 노출되지는 않을까, 혹시 우리 아이가 다른 사람에게 피해를 주지는 않을까 걱정되는 마음에 도움을 요청하는 양육자들을 매일 본다. 이제는 성교육의 필요성을 양육자 대부분이 느끼고 있지만 온라인에서의 성부터 시작해 아이들의 빠른 발달까지 현실적으로 양육자들이 성교육을 어려워할 수밖에 없다.

강의를 다니면서 가장 안타까운 게 시간의 한계다. 보통 양육자 교육을 90~120분 정도 진행하는데, 신경 써서 시간을 배분해 질의응답 시간을 갖는데도 강의가 끝난 후 질문을 하러 따라 나오시는 양육자분들이 많다. 그래서 그간 양육자분들과 나누었던 질의응답 이야기들을 모아 책으로 만들었다. 일상 속 자녀의 성과 관련된 부분에서 양육자들에게 조금이라도 의지가 되는 책을 만들고자 노력했다.

1장은 일반론으로 자녀 성교육을 위해, 특히 딸 성교육을 위해 기본적으로 장착되어야 할 양육자의 필터를 준비하는 과정을 담았다. 아이들이 하는 성과 관련된 행동이나 말, 질문들은 대부분 바로 문제로 나타나지는 않는다. 자녀 성교육에서는 아이의 성적 행동과 말, 질문들을 받아들이는 양육자의 필터가 굉장히 중요하다. 기존에 가지고 있던 필터를 새로운 필터로 갈아 끼우는 연습을 하는 장이라고 생각하면 된다.

2장은 사춘기 이전의 자녀에게 일어날 수 있는 상황들, 3장은 사춘기 이후의 자녀에게 일어날 수 있는 상황들에 대해 정리했다. 강의에서 많이 받는 질문들을 중심으로 썼으며, 자녀에게 일어난 상황과 비슷한 주제를 찾아서 볼 수 있도록 질문에 대한 답변 형식으로 구성했다.

4장은 요즘 많이 일어나는 디지털 성폭력을 포함한, 일상에서 일어날 수 있는 성폭력 상황에 따른 대처법과 교육 포인트를 정리했다. 모든 장이 그렇지만, 특히 이 장에서는 실제 성폭력 사건의 행위자 또는 피해자 상담 사례들을 바탕으로 썼기 때문에 현실적으로 주위에서 흔하게 일어나는 상황들이 어떤 형태이고 그에 따른 대처법은 무엇인지 알 수 있도록 했다.

5장은 소그룹 성교육이나 학교 성교육, 상담을 진행하면서 아이들이 많이 물어보는 질문들을 모아서 작성했으며, 아이들이 상담 요청을 했을 때 전문가로서 해주는 답변을 그대로 정리했다. 양육자들이 이 장을 보면서 '아, 이렇게 대답해주면 되는구나' 혹은 '이 정도로만 설명해주면 되는 구나' 하는 용도로 읽어보길 추천한다.

그리고 딸을 키우는 양육자라도 이 책과 동시 출간된《아들아 성교육 하자》를 함께 읽으면 딸에게 더 포괄적이고 풍성한 성교육을 해줄 수 있을 것이다.

'한 아이를 키우려면 온 마을이 필요하다'는 아프리카 속담이 있다. 성교육도 마찬가지다. 사회나 교육기관만 신경 쓴다고 해서 되는 것도 아니며, 가정만 노력하거나 전문가만 개입한다고 해서 완성되는 것도 아니다. 아이의 건강한 성 가치관을 위해서는 모든 어른이 힘써야 한다.

여전히 우리나라 성교육은 많이 부족하지만 조금씩 변하고 있다. 특정 연령이지만 성과 관련된 의무교육이 생기기도 하고 법도 조금씩 개정되어가고 있다. 이제는 가정에서도 움직여야 할 때다. '자녀 성교육, 어디서부터 해야 하지?', '우리 아이에게 어디까지 설명해줘야 하지?' 등 자녀 성교육에 관한 양육자들의 고민을 이 책에 담았다.

그러니 이 책을 믿고 의지해주기를 바란다. 우리 딸들이 자유롭고 주체적인 어른이 되기를 바라며 양육자들이 좀 더 공부하고 노력해주길 진심으로 부탁한다.

김민영

성 지식 체크리스트

문항	문항 내용	O	×
1	남성의 귀두와 여성의 음핵은 상동기관이다.		
2	남성은 평생 동안 정자를 만들어낸다.		
3	여성은 평생 동안 배란할 난세포를 갖고 태어난다.		
4	월경을 하면 바로 키 성장이 멈춘다.		
5	사춘기에는 성적 자극이 있어야만 발기가 된다.		
6	난자는 배란된 후 평균적으로 12~24시간 동안 살아 있다.		
7	아기의 성별은 난자와 정자가 수정되는 순간에 결정된다.		
8	청소년은 모든 종류의 콘돔을 구매할 수 있다.		
9	응급피임약은 처방전 없이 약국에서 구매할 수 있다.		
10	키스만으로는 성매개감염병(성병)에 감염되지 않는다.		
11	자궁경부암은 성병이며 99% 성관계로 걸린다.		
12	성폭력은 우발적이라기보다 계획적 요소가 많다.		
13	성폭력은 성에 대한 불평등, 성인식 부족 때문에 발생한다.		
14	성인이 음란물을 보는 것이 불법은 아니다.		
15	'남성답다' 또는 '여성답다'고 하는 것은 성역할 고정관념이다.		

답

1	○	2	×	3	○	4	×	5	×
6	○	7	○	8	×	9	×	10	×
11	○	12	○	13	○	14	×	15	○

결과 보기(맞은 개수)

11~15개 : 건강한 초록불! 성에 대해 편견 없이 건강한 인식을 가지고 있다. 자신의 건강한 성 가치관을 주변에 널리 알려주자.

6~10개 : 공부의 노란불! 성에 대한 건강한 인식은 있지만, 조금 더 노력이 필요하다.

0~5개 : 노력의 빨간불! 이제부터 성을 공부하고 건강한 성 인식을 갖기 위해 노력해보자.

1장

딸 성교육,
툭 터놓고 다가가자

성교육은 양육자가 먼저 받아야 한다

지난 10여 년간 강의를 해오면서 강의 내용도 달라졌지만 청강자들의 수준과 반응도 굉장히 달라졌다. 5년 전만 해도 아이들에게 성교육은 꼭 필요하다고, 일찍 할수록 좋다고 강조해서 말씀드려도 망설이거나 뒤로 미루는 양육자들이 더 많았다. 하지만 최근에는 성교육의 필요성을 크게 강조하지 않아도 양육자 스스로 강의를 들으러 오는 분들이 더 많은 추세다. 그런데 솔선해서 강의를 들으러 오는 분들조차 막상 아이들에게 성교육을 하려니 망설여진다는 고민을 털어놓곤 한다.

양육자가 성교육을 망설이는 이유

양육자들이 자녀 성교육을 망설이는 데에는 크게 세 가지 이유가 있다.

첫째, 모델이 없기 때문이다.

우리는 우리가 경험한 것과 배운 것을 바탕으로 인생을 살고 그 경험 안에서 다른 사람과 소통한다. 특히 자녀 양육과 관련해서는 내 부모가 나에게 한 것들을 답습하게 된다. 양육자 교육 때 물어보면, 크면서 부모에게 성교육을 받아본 양육자가 거의 없다. 그렇기에 당연히 아이들에게 성을 어떻게 전달해야 하는지 모르는 경우가 대부분이고 양육자들조차 성교육을 막 배워가는 단계라 볼 수 있다.

둘째, 지식이 없기 때문이다.

사회적으로 성교육이 중요하다는 인식이 퍼지면서 권장 교육으로 정해진 것은 최근 몇 년 사이에 일어난 일이다. 일례로 현재 양육자 세대에게 "학교에서 성교육을 받아본 적이 있나요?"라고 물으면 3분의 1 정도만 그렇다고 대답한다. 그러나 "당시 받았던 성교육이 가정, 생물, 교련 시간에 잠깐 다룬 게 아니라 완전한 성교육이었나요?"라는 질문에는 대부분이 아니라고 대답한다. 그만큼 제대로 된 성교육을 받아본 적이 없고, 교육보다는 경험으로 알게 된 지식, 전해 들은 지식, 카더라 식의 지식이 많기 때문에 아이들에게 어떤 지식을, 어떤 단어를, 어떤 수준으로 전달해야 하는지를 모르는 경우가 대부분이다.

셋째, 교육이라는 것이 부담되기 때문이다.

'가정에서 하는 자녀 성교육'이라고 하면 무언가 딱딱하고 엄숙한 느낌부터 준다. 아이들을 앉혀놓고 정확한 명칭을 알려주거나 올바른 성 지식을 알려줘야 할 것 같은 부담감을 가질 수 있는 것이다. 이때 양육자는 교육보다 대화를 한다고 생각하는 것이 좋다. 이 부분에 대한 생각을 바꾸지 않으면 자녀 성교육은 늘 어색하고 부담스러울 수밖에 없다. 앉혀놓고 지식을 알려주는 교육은 성교육 전문가가 해줄 수 있는 영역이다. 부모는 그저 '일상에서 마주치는 성'에 대해서 이야기해주면 된다.

성 지식에 대한 교육이 아니라 일상에서 나눌 수 있는 여러 대화 주제 중 하나에 '성'을 집어넣고 평상시 자연스럽게 대화를 하면서 아이가 깨닫고 스스로 생각할 수 있도록 해주는 것이 좋다. 드라마나 영화 또는 뉴스를 보면서 연결지어 올바른 성 개념을 이야기해준다면 자연스럽게 성교육이 이루어질 수 있다. 아이들과 가장 오래 생활하는 양육자가 성에 관해 이야기를 해주는 것만큼 효과가 큰 교육은 없기 때문이다.

성교육을 위해 양육자가 알아야 할 세 가지

그렇다면 아이들에게 자연스러운 성교육을 하기 위해서 양육자는 어떤 것들을 미리 알아야 할까?

첫째, 성교육 패러다임이 바뀌었다는 사실을 인식해야 한다.

예전에는 성교육 하면 임신, 출산, 피임과 같은 생물학적 성만 다루는 'sex education'이었다. 그러나 지금 우리 아이들이 배우는 성교육은 'sexuality education'으로 생물학적 성뿐만 아니라 사회적인 성, 성폭력, 성 인권, 성 가치관, 성에 대한 감정과 느낌, 생각과 기준, 사회구조와 사회적 이슈 등 성에 관련된 모든 것들을 배운다고 할 수 있다. 이것이 유네스코에서 말하는 '포괄적 성교육'이다. 가정에서도 아이들에게 우리 몸의 명칭과 소중함을 알려주는 것 외에도 성에 대한 정확한 지식은 물론, 자신의 성적 기준을 세우고 가치관을 정립할 수 있도록 돕는 성교육이 필요하다.

둘째, 아이들의 빠른 성장과 성교육 시기가 앞당겨졌음을 알아야 한다.

요즘도 여전히 "우리 아이가 5학년인데 아직 순진해서요. 지금 성교육을 시키면 너무 빠르겠죠?"라고 물어보는 양육자가 있다. 12세면 한국의 평균 초경 나이다. 성교육은 아이가 2차 성징을 경험하기 전에 미리 안내해주는 것이 굉장히 중요하므로 양육자도 그만큼 빨리 마음을 먹고 준비해야 한다. 아이가 자신의 변화를 있는 그대로 수용하고 자신을 사랑할 수 있게 하기 위해서는 적정 시기를 맞추는 게 무엇보다 중요하다.

셋째, 양육자의 개입이 인터넷보다 빨라야 한다.

우리는 인터넷이 가장 빠른 나라에 살고 있다. 또 인터넷 인프라도 잘 구축되어 있어 우리 아이들은 어떠한 정보라도 쉽고 빠르게 인터넷에서 찾을 수 있다. 그러나 빛이 있으면 그늘도 있듯이 광활한 정보의 바다는 아이들에게 올바른 정보만을 제공하지 않는다. 게다가 아이들은 정보 구별 능력이 미숙하고, 특히 성에 대해서는 걸러지지 않은 무분별한 내용들이 워낙 많으니 아이가 성에 대한 호기심을 인터넷에서 찾아 해소하도록 내버려 두어서는 안 된다. 따라서 양육자가 인터넷보다 먼저 개입해서 아이에게 적절하고 올바른 성 지식을 알려줄 필요가 있다.

성교육은 가치관 교육이다

성교육을 위해 양육자가 알아야 할 큰 전제는 성교육은 지식 교육이 아니라 가치관 교육이라는 점이다. 예를 들어 '어른을 보면 인사해야 한다'는 가치관을 아이들에게 심어주기 위해서 양육자가 아이들에게 얼마나 많은 시간 동안 가르침을 반복하는지를 생각해보자.

아직 말도 못하고 의사 표시도 제대로 못하는 갓난아기에게도 우리는 "엄마(또는 아빠) 잘 다녀오라고 인사해야지", "할아버지, 할머니 안녕하세요 해야지" 하며 아기에게 인사를 가르치곤 한다. 아이가 커서 말귀를 알아들으면 인사의 중요성에 대한 가르침은 더욱 강조되고 어린이집과 유치원, 초등학교에 갈수록 인사해야 할 대상도 늘어난다. 커갈수록 아이들의 머릿속에는 인사를 해야 하고 예의범절을 지켜야 한다는 '사실'이 각인된다. 가치관 교육은 이런 식으로 진행된다. 아이가 태어나는 그 순간부터 계속해서, 반복적으로 해주어야 하는 것이다.

또 하나 가치관 교육에서 중요한 점이 있는데, 바로 특별한 말을 하지 않아도 양육자의 가치관이 아이에게 전달된다는 것이다. 어른에게 인사할 줄 모르는 양육자 밑에서 자란 아이는 양육자와 마찬가지로 인사할 줄 모르는 아이로 큰다.

성도 똑같다. 성에 대해 긍정적이고 건강한 가치관을 가진 부모는 아이에게도 그대로 전달되고 반대의 경우도 마찬가지다. 양육자가 성에 대한 긍정적인 가치관을 심어주어야 아이는 평생 동안 성에 대한 지식과 생각, 느낌, 기준들을 자기 스스로 정리하면서 필요한 순간에 올바른 선택을 할 수 있다. 이것이 성교육이 가치관 교육이 되어야 하는 핵심적인 이유다.

자녀 성교육에 대해 양육자가 망설이는 이유는 양육자가 부족해서가 아니라 경험이 없어서다. 그러니 양육자부터 경험을 쌓고 공부하자. 그리고 전문가와 협력하자. 준비된 양육자가 일상 속에서 아이와 함께 성에 대한 대화를 나누고 전문 영역에서는 전문가의 도움을 받는다면 우리 아이들의 성 인식은 건강하게 자리 잡을 수 있을 것이다.

무엇보다 잊지 말아야 할 한 가지는 아이에게 가장 좋은 성교육 선생님은 바로 양육자라는 사실이다. 이 점만은 명심하자.

딸 성교육, 언제부터 시작해야 할까

우리 기관에 개인적
으로 성교육을 의뢰하는 비율을 보면 아들 성교육이 좀 더 많은
편이다. 딸보다 아들이 더 성행동을 일찍 하고 많이 한다고 생각
하기 때문이다. 그리고 대부분 엄마들이 아이들 교육을 신경 쓰
는 가정이 많은데 엄마가 아들에게 성교육 해주는 게 쉽지 않기
때문이 아닐까 생각된다.

딸 성교육은 임신했을 때부터 시작해야 한다

성교육을 언제부터 시작해야 하는가에 대한 질문도 많이 받
는데, 일찍 하는 게 좋다고 늘 말씀드린다. 특히 딸 성교육은 아
기가 엄마 배 속에 있을 때부터 해야 된다고 생각한다. 배 속에
있는 아이에게 뭔가를 전달한다는 뜻이 아니라 딸의 성교육을
위해 양육자가 마음의 준비를 해야 한다는 뜻이다.

딸이기 때문에 보호라는 명목 아래 과하게 억압하거나 아들과는 다른 기준을 적용시키는 것, 양육자와 사회가 생각하는 여성다움을 강요하는 것처럼 성차별적인 관점을 가지고 양육하지 않도록 아이가 태어나기 전에 시간을 두고 공부하고 고민해야 한다. 남자들을 향한 사회의 기준도 많지만 그보다 여자에게 향해 있는 사회의 기준이 훨씬 많기 때문에 그런 기준이 적합한 것인가, 양육자로서 그런 사회의 기준과 아이의 주체성 사이에서 어떻게 균형을 맞출 것인가에 대해 충분한 고민이 필요하다.

주도적인 남자와 수동적인 여자 프레임에서 벗어나자

앞서 말했지만 그동안 아들 성교육이 많았던 이유는 남자아이들이 성행동을 더 일찍, 더 많이, 더 드러나게 한다고 이해하는 경향이 있기 때문이고 어느 정도는 그런 성행동에 대해 관대하게 받아들이는 사회 분위기가 있었다. 그에 비해 여자아이들의 성행동에 대해서는 문제로 보거나 부적절한 것으로 보는 경향이 있었기 때문에, 혹은 전혀 다루지 않았기 때문에 딸아이가 어떤 성행동을 했거나 아니면 그냥 성교육을 시켜주고 싶어도 너무 별난가 싶어서 망설이는 양육자가 많았다.

예를 들어 수년 전에 아들이 사춘기가 되면 자위를 할 수도 있으니 좋은 휴지를 넣어주라는 양육자 교육 내용이 있었다. 처음에는 양육자들이 다소 충격을 받았지만 '아들 사춘기' 하면 '크리넥스'가 연상될 정도로 반응은 뜨거웠다. 그러나 그 시기에 딸의 자위에 대한 양육자의 태도는 전혀 언급되지 않았다. 우리 사회에 아직도 남아 있는 '주도적인 남자와 수동적인 여자'라는 프레임이 예전에는 더 강했기 때문이다. 남자는 주도적이고 적극적이어야 하는 반면 여자는 수동적이고 참고 기다리는 역할을 맡아야만 했다. 그로 인해 여자들이 적극적으로 성에 대해 배우는 것에 대한 조심스러움도 있었다.

남녀 모두 자유롭고 주체적이어야 하는데 한쪽은 주도적임을 강요받고 한쪽은 수동적임을 강요받는다면 양쪽 다 큰 짐을 가지고 살아가게 되는 셈이다. 더 이상 우리 딸을 자신의 좋고 싫음을 표현하지 못하고 자신의 기준을 주장하지 못하는 아이로 양육해서는 안된다. 또한 그 표현과 주장을 존중받을 수 있는 사회를 만들어야 한다. 그러기 위해서 딸 성교육은 반드시 이런 관점과 태도에서 출발하고 이루어져야 한다.

성교육에서 성별은 중요하지 않다

몇 년 전만 해도 남자의 성교육에서는 자위와 음란물에 대한 내용을 다루었지만 여자는 자위나 음란물 시청의 가능성을 낮게 보고 임신을 위한 건강관리, 임신중단 수술의 위험성 등에 대해서만 알려주었다. 이는 성별에 따라 접근법 자체가 다른 성교육 진행을 보여주는 것이다. 이런 접근법이 잘못되었다는 것은 성교육의 목적을 생각해보면 알 수 있다.

성교육은 왜 하는 걸까?

성교육은 '나와 상대방을 이해하고 존중하기 위한 공부'다. 나의 몸과 마음, 생각에 대해 잘 알고, 상대방의 몸과 마음, 생각을 이해하기 위해서 그리고 궁극적으로 같음과 다름을 있는 그대로 받아들이고 존중하기 위해서 하는 것이다. 성교육은 인성 교육이고 관계 교육이다. 성교육에서 성별은 중요하지 않다. 성별에 따라 다른 내용을 공부할 필요도 없고, 성별에 따라 다른 관점을 가질 필요도 없다. 오히려 그렇게 하는 것은 성별 고정관념을 가지게 하는 접근법이다.

우리는 그동안 다소 남성 쪽으로 치우친 언어와 내용으로 성교육을 진행했다. 그동안 성교육에서 여성과 여성의 욕구에 대한 이해는 배제되었다고 해도 과언이 아니다. 그래서 딸 성교육에 대해 특별히 생각해본 적도 없고 딸들의 변화와 욕구를 드러내서 고민해보고 다루지도 않았다. 그렇기 때문에 아들 성교육보다 딸 성교육이 늦었을지도 모른다.

늦은 만큼 이제는 딸 성교육에 대해 생각해야 한다. 더 이상 미룰 수 없기 때문에 딸 성교육에 더욱 적극적으로 개입해야 한다. 성교육은 인간이 배워야 할 가장 기본적인 교육이고, 성에 대한 공부는 곧 인간에 대한 공부이기 때문이다.

엄마, 아빠 각각의 역할이 있다

양육자 교육에 가면 늘 나오는 질문 중 하나가 자녀들의 성별에 따라 누가 성교육을 하는 게 더 좋을까다. 그때마다 내가 하는 대답은 "두 분 중 아무나 더 자신 있는 분이 하면 됩니다"다. 자신 있는 분이라 함은, 더 공부했거나 더 아이들과 편하게 대화할 수 있다고 생각하는 쪽에서 하면 된다는 뜻이다. 혹은 둘이 함께 해도 좋다. 그럼 훨씬 더 자연스럽게 아이들과 대화할 수 있다.

딸 성교육에서 엄마의 역할

딸 성교육에서 엄마의 역할은 좋은 모델이 되어주는 것이다. 그리고 같은 여자로서 유대감을 돈독히 하고 먼저 경험해본 여성으로서 삶을 안내해주고 성에 대해 안심시켜주는 역할이다. 딸은 엄마를 보며 여성의 삶 전반에 대해 간접적으로 경험하게 된다. 아무것도 모르는 어린 시절에 엄마를 보며 엄마 같은 멋진 여자 어른이 되고 싶다 다짐하기도 하고, 엄마가 힘들어하는 모습을 보면서 결혼에 대해 고민하기도 한다.

딸이 주체적이고 당당한 여성으로 자라길 바란다면 엄마가 몸소 보여주는 것이 가장 좋다. 그러나 사회적인 분위기상, 엄마가 자라던 시절에는 성평등에 관한 관점이 상당히 부족했기 때문에 딸이 살아갈 세상과는 다를 수 있다. 이때는 엄마의 경험을 딸과 함께 나누는 것이 좋다. 이런 점은 더 노력할 수 있고 이런 점은 굳이 그러지 않아도 되고 하는 식으로 여러 방향의 관점을 이야기하는 것이 도움이 된다.

예를 들어 "엄마가 살아보니 여자라고 참고 남 눈치 보면서 하고 싶은 걸 포기할 필요는 없는 것 같아. 그래서 엄마는 네가 살아가면서 여자이기 때문에 포기하거나 인내해야 한다고 생각하지 말고 뭐든 당당하게 도전해봤으면 좋겠어"라는 식의 메시지를 많이 주는 것이 도움이 될 수 있다.

이때 조심해야 할 부분은 "너는 결혼하지 마. 여자는 결혼하면 하고 싶은 것도 못 하고 포기하는 게 많다. 능력 갖춰서 혼자 살아" 또는 "여자가 살기 힘든 세상이지, 남자로 태어났으면 좋았을 텐데" 같은 비관적인 메시지다. 이런 말은 절대 금지해야 하는 내용이다. 엄마가 행복하면 딸도 행복한 여성으로 살아갈 가능성이 높다. 그러니 엄마 자신도 아이와 남편에게 집중하는 것만큼 스스로를 아끼고 사랑하며 자신에게 집중하길 바란다.

그리고 자연스럽게 아이가 그 모습을 볼 수 있기를 바란다.

딸 성교육에서 아빠의 역할

딸 성교육에서는 아빠의 역할도 굉장히 중요하다. 딸이 태어나서 처음 경험하는 남자, 가장 가까이에 있는 친밀한 관계의 남자인 아빠를 통해 이성과의 관계를 미리 경험하고 연습한다고 볼 수 있다. 그렇기 때문에 아빠가 딸에게 어떤 언행을 하는지, 어떤 관계를 형성하는지에 따라 딸이 크면서 이성과의 관계를 어떻게 형성하는지에 영향을 준다고 할 수 있다.

이런 점에서 아빠가 딸에게 일상에서 해줘야 하는 성교육은 다름 아닌 '존중'이다. 너무 예쁜 딸이기 때문에 매일 품에 넣고 다녀도 부족한 마음이겠지만, 아이가 어릴 때부터 늘 존중하는 태도를 보여주는 것이 중요하다. 아무것도 모를 것 같은 어린아이지만 늘 물어봐주고 아이가 싫다고 하면 하지 않는 태도가 필요하다.

특히 스킨십과 관련해서는 "너무 예뻐서 그런데 아빠가 한번 안아줘도 돼? 뽀뽀해도 돼?"라고 물어보는 것이 습관이 되어야 한다. 또 아이가 싫다고 하면 많은 아빠들이 서운해서 "진짜? 이제 아빠한테 뽀뽀도 안 해줄 거야? 뽀뽀하면 치킨 사줄게", "우리 ○○는 아빠한테 뽀뽀 안 해줘서 장난감 못 사겠네~" 하는 식으로 농담을 하는 경우가 있는데, 농담으로라도 대가를 지불하고 스킨십을 한다는 것은 매우 위험한 발상이다.

스킨십을 제안했을 때 아이가 싫다고 하면 서운해하지 말고 "그래, 네가 싫다면 안 할게"라고 쿨하게 수용해주어야 한다. 그 래야 본인이 싫을 때는 싫다고 이야기하는 것이 자연스럽고 당 연해지는 것이다. 이런 것들이 반복되면 아이가 나중에 친구들 을 사귀었을 때도 싫은 건 싫다고 말할 힘을 갖게 된다.

또 하나, 아빠들이 조심해야 하는 것이 집에서의 옷차림과 행 동이다. 집에서 너무 편하게 입고 샤워하고 나오면서도 팬티만 입거나 팬티도 안 입고 나오는 아빠들이 있는데, 아이들이 안 보 는 것 같아도 다 보고 있다는 것을 알아야 한다. 집에서도 옷 벗 고 돌아다니면 안 된다는 교육을 어린이집에서 할 때 꼭 손들고 이렇게 말하는 아이가 있다.

"선생님! 저는 집에서 옷 입는데요, 우리 아빠는 안 입어요! 선생님이 아빠한테 얘기 좀 해주세요."

평소 아빠의 행동 때문에 진짜 웃지도 울지도 못하는 상황이 생기는 것이다. 집에서도 잠옷이나 홈웨어를 갖춰 입으면 가족 간의 매너를 지킬 수 있다.

한쪽의 일이 아니라 함께하는 일임을 보여주자

결혼을 하고 아이를 낳으면 가정에서 양육자가 해야 할 일들 이 굉장히 많아진다. 빨래, 청소, 장보기, 요리, 경제활동 등 종류 도 많고 양도 많아진다.

아이들에게 수업할 때 "집안일은 누가 하는 걸까요?"라고 물으면 아이들은 대개 "다 같이 해요!"라고 대답한다. 그런데 "그럼 오늘 집에 가면 방 청소는 누가 할까요?"라고 물으면 아이들 대부분이 "엄마요!!"라고 대답한다.

학교에서 배워서 머리로는 이해하고 있는 평등이 아이들의 일상에서는 적용되지 않는 것이다. 이렇게 아이들은 배움과 일상의 차이에서 혼란을 느낀다. 그만큼 집에서 하는 모든 일을 어느 누구의 몫으로 나누지 말고 함께 하는 것을 보여주는 게 굉장히 중요하다.

엄마와 아빠가 각자의 역할에서 아이에게 영향을 주고 가정의 분위기 자체를 성평등하게 만든다면 우리 아이들은 편견을 가지지 않은 유연한 아이로 잘 자랄 수 있을 것이다.

양육자의 태도와 말부터
점검해야 한다

딸 성교육은 아들 성 교육에 비해 덜 중요하게 여겨지거나 너무 어렵다고 느끼는 경향이 있다. 그러나 우리는 딸 성교육을 위해 이것만 기억하면 된다. 성교육에는 성별이 중요하지 않다. 성교육을 통해 인간과 관계를 배우는 것이며 인간과 관계를 알기 위해서는 남녀의 차이에 집중하기보다 인간 모두에 대한 집중이 더 필요하다.

지금까지의 태도를 점검하자

"딸아이 생식기를 뭐라고 불러주세요?"

양육자 교육에 가서 하는 질문이다. 대개는 "그렇게 딱히 대놓고 부르진 않았던 거 같아요" 또는 "소중이라고 불러요"라고 대답하는 분들이 많다. 아주 가끔 "잠지요"라고 대답하는 분이 있고, 비슷하게 "고추요"라고 하는 분들도 있다.

반면 아들 생식기를 뭐라고 부르냐는 질문에는 100퍼센트 다 '고추'라고 대답한다. 생식기 명칭에서부터 우리는 아들과 딸에게 차이를 둔다. 일부러 그러는 게 아닌데 왜 '고추'라는 말은 편하게 나오면서 '잠지'라는 말은 쉽게 나오지 않는 것일까? 이게 우리가 가지고 있는 각 성별에 대한 느낌일 수 있다. 딸의 생식기도 엄연한 명칭이 있다. 잠지, 음순, 생식기, 성기와 같은 이름이 있으니 딸에게 몸에 대해 이야기해줄 때도 아들한테 하는 것처럼 정확한 명칭을 가지고 명확하게 이야기해주어야 한다.

아들과 딸을 함께 키운다면 "남자는 음경, 여자는 음순이라고 해. 음경과 음순을 똑같이 부르는 말이 있는데 그게 생식기야"라고 설명해주고 생식기라고 부르는 것도 좋은 방법이다.

그 외에도 아들 자위와 딸 자위, 옷차림, 다리 벌리고 앉아 있는 것, 방을 지저분하게 사용하는 것 등 사소한 것에서 혹시 아들과 딸에게 다른 잔소리를 하고 있지 않은지, '너는 여자애가', '너는 남자애가'라는 말이 붙지는 않는지, 마음으로 다르게 받아들이고 있는 부분은 없는지 꼼꼼하게 생각해봐야 한다.

지키는 교육이 아니라 말하는 교육을 하자

양육자가 학교 다닐 때 배웠던 성교육, 특히 엄마들이 배웠던 성교육은 지키는 교육이 많았다. 지키는 교육이라기보다 지킴을 '강요하는' 교육이라는 표현이 더 정확할 것이다. 순결과 정조를 지키고 자기 몸을 더럽혀서 인생이 힘들어지는 행동은 하지 말라는 교육이 주를 이뤘다. 심지어 어떤 학교에서는 임신중단 수술 영상을 보여주기도 하고 순결 서약을 받기도 했다. 이런 교육의 결과로 혹시라도 무슨 일이 생겼을 때 내가 내 몸을 지키지 못했다는 생각으로 피해자면서 신고도 못 하고 혼자 감내하면서 살아야 하는 경우도 많았다. 그러나 세상은 조금씩 달라지고 있다. 그중 한 예로 2018년에 일어난 미투 운동은 피해자들이 조금씩 용기를 내서 세상 밖으로 나오는 계기가 되어주기도 했다.

그렇다면 지금, 2021년을 사는 아이들에게 우리는 다른 교육을 하고 있을까? 어머니, 아버지 세대의 지키는 교육에서 말끔히 벗어났다고 말할 수 있을까? 예전에 비해 많이 괜찮아지긴 했지만 아직도 '지키는 교육'은 우리 곁에 여전히 남아 있다. 이를 다른 말로 하면 '피해자 예방 교육'이라고도 할 수 있다. 성폭력을 당하지 않으려면 당사자가 조심해야 하고, 늦은 밤에 노출이 있는 옷을 입고 돌아다녀서는 안 되며, 아무 남자나 믿고 따라가면 안 되고, 연애할 때도 남자 친구를 조심해야 하고 등등…….

그러나 이제는 달라져야 한다. '지키는 교육이 아니라 말하는 교육'이 되어야 한다. 말하는 교육은 곤란한 상황에서 망설임 없이 자기 기준에 맞는 주장이나 제안을 하는 아이로 키워야 한다는 뜻이다. 만약 그 자리에서 말하지 못하더라도 혼자 숨기면서 힘들어하지 않고 주위 사람에게 말하고 도움을 요청할 수 있는 아이로 자라도록 교육해야 한다. 이것이 바로 주체성이다.

그리고 무엇보다 그런 아이의 '말하는 행동'이 수용받고 도움을 줄 수 있는 사회가 되어야 한다.

자신을 사랑할 수 있는 아이가 되도록

딸 성교육에서 신경 써야 하는 부분 중 하나는 아이가 스스로 자신을 사랑하고 수용할 수 있도록 키우는 것이다. 그러기 위해서는 아이에게 여성의 삶이 충분히 살 만하고 여성의 몸은 사랑스러우며 여성의 존재는 남성의 존재와 다를 바 없이 똑같이 존중받으며 살아갈 수 있는 존재임을 끊임없이 느끼게 해주어야 한다.

사춘기와 2차성징에서 가장 유의미하게 보는 것 중 하나가 남자아이는 몽정, 여자아이는 월경일 것이다. 그런데 남자아이들은 몽정을 안 하는 친구들도 많으며, 이게 크게 문제될 건 없다. 그런데 여자아이들은 월경을 안 하는 친구가 없고, 중 2~3학년이 되었는데도 월경을 하지 않으면 검진을 받아봐야 한다.

여성이라면 경험해야 하는 월경에 대해 아무런 안내 없이 처음 겪게 되면 피를 보는 순간 막막하고 불쾌할 수 있다. 어떤 아이들은 충격을 받기도 한다. 이런 부분에 대해 미리 안내를 해주고 아이가 자신의 몸에 일어나는 변화에 대해 기대하는 마음을 가지고 긍정적으로 받아들일 수 있도록 해주는 것이 중요하다.

월경처럼 여성들만이 경험할 수 있는 아주 귀한 변화들을 아이가 수용하고 스스로 축복할 수 있도록 양육자가 도와주면 좋겠다. 아이가 자라면서 여성이라서 차별받고 여성이라서 겪어야 하는 몸의 변화에 대해 부정적인 느낌을 가진다면 그리고 여성의 삶이 치열하고 힘든 일이라고 느낀다면 자신의 성에 대해 불만족스러워할 수도 있다. 또 그렇게 느끼는 것보다 더 안타까운 것은 그런 느낌으로 인해 스스로 한계를 정하게 된다는 점이다.

그래서 딸 성교육에서는 아이가 많은 것들을 자연스럽고 긍정적으로 받아들일 수 있게 존중받는 경험을 갖도록 해주는 것이 중요하다. 그리고 여성의 삶에 대해서는 양육자가 힘을 합쳐 가정에서 집안일을 공평하게 분배한다든지, 부부가 평소 대화를 통해 평등한 관계임을 일상에서 보여주어야 한다.

지식 전달보다 주체적인 여성이 되도록

성교육에서는 성 지식을 알려주는 것도 필요하지만 지식보다는 자신이 어떤 사람이 되어 어떤 삶을 살 것인지 자유롭고 주체적으로 생각할 수 있는 아이로 기르는 것이 더 중요하다.

주체적이라는 것은 자기 자신에 대해 폭넓게 생각할 줄 안다는 뜻이다. 개방적인 태도로 사회적인 제약이나 편견에 흔들리지 않는 자세, 더 나아가 그런 생각들을 기반으로 차별에 굴복하지 않고 자부심과 자신감을 지닌 채 삶을 살아가는 것을 의미한다.

우리 딸들이 그런 여성으로 자랄 수 있기 위해서는 여성의 삶에 대해 많은 이야기를 나누는 일이 필요하다. 평등에 대해 여러모로 생각하고 경험할 수 있게 해준다면 아이들은 충분히 당당하고 주체적인 여성으로 자라날 것이다.

일찍, 미리, 많이 해줄수록 좋다

소그룹 성교육에 대한 문의 전화를 받아보면 성교육을 어떻게 진행하는지 궁금해서 전화했으면서도 우리 아이는 아직 저학년인데 너무 이른 거 아닌가, 이제 5학년인데 혹시 성교육을 시켜주면 이 계기로 아이가 성에 눈을 뜨게 되는 것이 아닌가 걱정하는 양육자들이 있다. 그렇다면 언제가 성교육에 가장 적합한 시기일까?

성교육 시작은 4~6세

1~2년 전만 해도 성교육 시기를 물어보면 사춘기가 시작되기 전이라고 대답하는 양육자들이 꽤 있었다. 그런데 최근에는 4~6세부터 해줘야 한다는 양육자들이 많다. 사실 성교육은 갓난아기 때부터 일상에서 지속적으로 해줘야 하는 것이다. '성교육'이라고 하니까 좀 부담스럽기도 한데, '성에 관한 대화'라고 생각하

면 된다.

아이의 성교육은 4~6세 때 시켜줘야 한다고 생각하는 양육자들이 많아지기는 했으나 막상 성교육을 시키려 하니 망설여진다고 한다. 3~4학년 때 시키면 좀 빠르다고 생각하고, 5학년이 되면 아이의 신체적, 심리적 변화가 일어나는 시기라 혹시 늦은 건 아닌가 덜컥 불안해하기도 한다.

인터넷보다 빨라야 한다

앞서 말했듯 자녀 성교육은 인터넷보다 빨라야 한다.

지금 휴대전화를 들고 인터넷에 '섹스'라고 검색해보자. 얼마나 적나라한 많은 정보들이 나오는지 새삼 놀랄 것이다. '섹스'라는 단어는 성적인 단어니 그럴 수 있다고 치고, 구글에 '남자', '여자'를 각각 검색해보자. 남자와 여자에 대해 검색했을 뿐인데도 벗고 나오는 사진들이 가득하다. 당연히 이런 검색 결과들은 아이들이 보지 않았으면 하는 마음이 생긴다.

유튜브도 마찬가지다. 유튜브에 '섹스'라고 검색했을 때 어떤 영상들이 나오는지 확인해보면 아이들이 어떤 정보 세상에 노출되어 있는지 쉽게 가늠할 수 있을 것이다. 더 우려스러운 것은, 뭔가를 검색하지 않아도 인터넷을 사용하다 보면 성적인 광고나 콘텐츠가 자주 눈에 띈다는 점이다. 이런 검색 결과들이 나오는 것을 완벽하게 막을 수는 없기 때문에 아이들은 무분별하고 방대한 정보에 노출될 수밖에 없다. 이런 현실에서 선택적으로 진짜 정보들을 가려내는 능력을 배우는 중인 아이들은 질 나쁘고 잘못된 정보를 진짜라고 믿으며 그것을 기준으로 성적 기준과 가치관을 만들어갈 수도 있는 것이다.

따라서 아이들이 인터넷에서 찾아보는 것보다 성교육 제공이 빨라야 한다. 그래서 아이들이 성교육을 통해 정확한 지식을 습득하고 인터넷에 나오는 가짜 정보들이 왜 잘못되었는지 판단할 수 있는 능력까지 기르도록 도와주어야 한다.

몸의 변화보다 빨라야 한다

양육자들이 성교육을 신청하는 시기는 아이들에게 2차성징이 일어나기 시작할 때, 혹은 2차성징이 곧 임박해졌을 때다. 그래도 변화가 일어나기 전에 성교육을 해주려 연락하는 것은 다행스러운 일이다. 어떤 친구들은 평생 성교육을 제대로 받아보지 못한 채 살기도 하고, 받기는 하지만 이미 모든 변화와 경험을 다 한 후에 받는 경우도 많기 때문이다. 비혼모 교육을 할 때 아기 가지기 전에 이런 성교육을 받았다면 조금 달라졌을 것 같다는 말을 종종 듣는 게 그런 경우라고 할 수 있다.

사춘기가 시작되고 몸과 마음의 변화가 일어나는 것은 건강하게 잘 크고 있다는 신호이기도 하지만 경우에 따라서는 이런 변화를 겪고 당황해하는 아이도 있다. 이런 당황스러움이 강해지면 불쾌함으로 느껴질 수도 있고, 불쾌함이 커지면 자기 자신이 못마땅하게 느껴질 수도 있다.

그리고 이는 곧 자존감과도 연결된다. 크면서 변하는 몸에 대한 부정적인 느낌의 영향으로 스스로를 싫어하게 될 수도 있고, 자신감이 없어질 수도 있기 때문이다. 이런 당황스러움과 불쾌함을 최소화하는 방법은 사춘기의 변화에 대해 미리 안내해주고, 그런 변화들이 쑥스럽거나 당황스러운 것이 아니라 건강하게 잘 자라고 있다는 몸의 신호임을 알려주는 일이다.

지식이 아니라 지혜다

간혹 너무 이른 성교육이 아이의 호기심을 자극하지는 않을까 묻는 양육자들이 있다. 그러나 이는 불필요한 걱정이다. 아이들은 굳이 검색하지 않아도 인터넷이나 TV 등을 사용할 때 수많은 성적인 광고와 자극에 노출된다.

미디어에 나오는 것들이 훨씬 자극적임에도 불구하고 이런 환경에 노출되는 것보다 성교육을 해줬을 때 받을 자극에 대해 더 불안해하고 걱정한다는 것은 그 자체로 어불성설이다. 15세 이상 드라마는 함께 보면서 성교육 만화책은 숨기는 양육자가 되지 않았으면 한다. 덧붙여 성교육으로 인해 자극받을 것을 걱정하기보다 오히려 때가 되어도 제대로 충분히 성교육을 해주지 않는 공교육과 사회 현실에 문제의식을 갖기를 바란다.

성교육을 단순히 몸에 대한 이해, 범죄에 대한 예방, 선택을 위한 지식과 정보 제공이라고 생각할 수 있지만 성교육은 지식이 아니라 삶을 살아가는 지혜를 알려주는 것이다. 알고 있어야 하는 지식뿐만 아니라 세상을 살아가면서 '성'이라는 것을 어떻게 컨트롤하고 누릴 것인가에 대해 생각해보고 기준을 정하고 조율해나가는 방법을 알려주는 것이 바로 성교육이다. 또, 자신의 기준과 타인의 기준이 다를 때 이것을 두고 어떻게 대화할 것인지, 흔들리지 않고 자신의 기준을 지켜나갈 수 있을지 고민할 수 있는 근거와 힘을 길러주는 것도 성교육의 역할이다.

지혜는 갑자기 생기는 게 아니라 쌓이는 것이다. 그러니 성교육은 일찍, 미리, 많이 해주는 것이 좋다. 이런 것들이 모여 아이들의 지혜가 되고, 이런 지혜를 바탕으로 아이들은 필요한 타이밍에 필요한 정보를 선택하고 필요한 스킬을 사용해 성에 관해 대화하고 성 문제를 조율해나갈 수 있게 된다.

딸의 초경, 이렇게 맞이하자

대개 아들을 가진 부모들은 특별한 계기가 없더라도 성교육을 일찍 고민한다. 그에 비해 딸을 키우는 양육자들은 초등학교 고학년이 되면서 몸의 변화가 일어나기 시작하면 성교육에 대해 본격적으로 고민하는 경향이 있다. 하지만 몸의 변화가 시작된 후에 알려주는 것은 조금 늦은 감이 있다. 특히 초경에 대해서는 미리 알려주는 것이 좋다. 그 시기는 언제가 좋을까?

경험하기 전에 알려주는 게 중요하다

아이들에게 성교육을 해줄 때는 타이밍이 중요하다. 초경 교육도 마찬가지다. 딸들에게 초경에 대해 알려줄 때는 아이가 경험하기 전에 알려주는 것이 중요하다.

양육자 교육을 할 때 엄마들에게 초경했던 경험을 떠올려보라고 한다. 대부분의 여성들은 초경에 대해 반갑거나 신나는 기억보다는 당황스럽고 불쾌하고 찝찝한 기억을 더 많이 이야기한다. 그런 기억을 가지고 있는 대부분의 성인 여성들에게는 공통점이 있다. 월경에 대해 사전에 안내받지 못했다는 점과 월경을 긍정적이고 아름다운 것으로 인식하도록 교육받은 경험이 없다는 점이다.

따라서 양육자가 딸들에게 해주어야 하는 초경 교육은 당황하고 불쾌하지 않도록 미리 알려주고 긍정적인 느낌을 가질 수 있도록 돕는 일이 필요하다.

이런 접근의 교육은 단순히 아이가 첫 월경에 대한 소중한 기억을 갖는 것을 넘어서 그런 이야기들을 나누고 초경에 대한 긍정적 느낌을 가짐으로써, 자신을 소중히 여기고 초경을 포함한 몸의 변화를 기쁜 마음으로 받아들이게 하기 위함이다. 또한 아이가 불편하고 불쾌한 기분이 들더라도 그것에 대해 언제든지 양육자와 상의하고 괜찮아지는 방법을 함께 고민할 수 있도록 하기 위함이다.

엄마, 아빠, 더 이상 그러시면 안 돼요

초경을 하게 되면 딸과 엄마는 하나의 공감대를 더 갖게 되는 상황이 되고, 아빠는 아이를 좀 더 성숙한 인격체로 존중하고 아이의 경계선에 대해 더 민감하게 고민해야 하는 상황이 된다. 보편적으로 엄마는 경험에 의해 어떤 마음인지, 어떤 상황인지를 알기 때문에 어느 정도는 그 상황을 받아들일 수 있다. 그러나 아이와 스스럼없이 가깝게 지낸 딸바보 아빠의 경우, 하루아침에 아이에게 거리를 두는 게 쉽지는 않다. 때론 아빠는 거리를 두려고 하지만 아이가 아무렇지 않게 그전처럼 행동하는 경우도 있다.

초경을 맞은 딸은 2차성징이 일어나고 있는 중이고 건강한 어른으로 잘 성장하고 있다는 뜻이기도 하다. 이때 양육자가 신경 써야 할 것은 스스로 자기 몸의 주인이 되어 자신을 소중히 대하고 관리할 수 있도록 가족 간에 경계선을 세우고 존중하는 태도를 보이는 것이다. 딸이 초경을 했음에도 불구하고 자연스럽게 경계선이 세워지지 않는다면 딸과 양육자가 함께 앉아 서로 지켜야 하는 규칙과 경계선의 기준을 정하는 작업이 필요하다.

이제 어른으로 성장하고 있는 상황이기 때문에 조금 더 조심하고 서로 존중해줘야 하는 상황과 배려의 방법들을 함께 나누고 규칙을 세우는 것이 반드시 이루어져야 한다. 딸과 양육자 간의 스킨십의 적정선, 집에서의 옷차림, 각자의 공간에 대한 존중, 화장실 사용, 씻고 나올 때의 옷차림 등과 같은 전반적인 생활 습관들을 점검해야 한다.

특히 양육자가 딸의 동의 없이 스킨십을 하는 것, 몸 성장에 대해 놀리듯이 말하는 것, 초경에 대해 부정적으로 이야기하는 것은 아이에게 상처가 될 수 있고 이런 상처들은 누적되어 아이가 스스로를 사랑할 수 없게 하는 원동력이 될 수 있다.

딸과 나눠야 하는 초경 이야기

아이의 초경을 앞두고 어떤 이야기를 나누어야 할까? 일상생활에서 어떤 부분들은 달라지기도 하고 더 조심해야 할 부분이 생기기도 한다. 이 때 조심해야 한다는 의미는 아이 스스로가 아니라 양육자가 자녀를 대할 때를 뜻한다. 가장 중요한 것은 양육자가 아이와 함께 초경에 대해 어색하거나 부끄러워하지 않고 편하게 최대한 많은 대화를 나누는 것이다.

여성의 존재, 여성을 상징하는 월경과 같은 것들을 여전히 사회적으로 부끄럽고 숨겨야 하는 것으로 나타내는 경향이 존재하기 때문에, 아빠가 월경에 대해 딸과 이야기하는 것은 아이에게 부끄럽거나 불편한 마음을 줄 수 있다. 그래서 평소 아이와의 친밀감이 어느 정도인지 살펴보고, 혹은 아이에게 물어보고 아빠와는 대화하기가 어려우면 엄마가 이야기하는 것이 더 좋다. 특히 성별이 같은 엄마와 딸의 대화는 아이에게 많은 간접 경험을 할 수 있도록 돕기 때문에 많을수록 좋다고 생각한다.

'월경과 초경은 뭘까?', '왜 여성들은 월경을 하는 걸까?', '월경을 한다는 것은 무엇이 어디로 나오는 것이고 대략 얼마마다 한 번씩, 얼마 동안이나 하는 것일까?', '월경 전과 후에 달라지는 것들은 어떤 게 있을까?', '초경을 하기 전에 어떤 것을 준비해야 할까?' 등 초경에 대해 아이와 굉장히 많은 이야기를 나눌 수 있지만, 이 대화를 하기 전에 아이들용 성교육 책을 참고해서 아이들이 이해할 수 있는 단어, 긍정적인 표현으로 초경과 월경에 대해 설명해줄 수 있도록 준비하는 것이 좋다.

그 외에도 먼저 월경을 경험해본 엄마의 경험담과 관련 에피소드들을 나누는 것도 아이에게 편한 느낌을 줄 수 있을 것이다. 월경대를 미리 준비해서 아이에게 직접 보여주고 만져보게 하는 것도 좋은 방법이다.

혼자 딸을 키우는 아빠라면

싱글 대디의 경우 딸과 아빠의 관계가 편안하고 가깝다면 아빠가 초경에 대해 알려주는 것이 전혀 문제가 되지 않는다. 그런데 편하고 가깝기는 하지만 월경에 대해서 이야기하는 것이 어렵거나 준비가 충분하지 않다고 느낀다면 아이가 초경을 시작하기 전에 사춘기와 2차성징에 관한 책을 선물하거나 전문가에게 교육을 의뢰하는 것이 좋다. 또, 아이가 초경을 시작했다면 작은 카드에 축하 메시지와 함께 앞으로 딸을 존중할 것이라는 실질적인 다짐 몇 가지를 써준다면 충분한 표현이 될 수 있다.

아이와 초경, 월경에 대해 이야기 나눌 때 절대 잊지 말아야 할 것은 아이에게 초경이 번거로운 것이나 하지 않았으면 좋을 것으로 느껴지지 않도록 단어와 분위기를 잘 만들어가야 한다는 것이다. 행여나 아이 앞에서 '초경을 늦게 했으면 좋겠다', '월경을 시작하면 키가 안 큰다는데 그럼 어떻게 하나' 같은 걱정 섞인 부정적 표현을 하지 않도록 조심해야 한다. 참고로 월경이 시작되면 바로 키 성장이 멈춘다는 의학적 근거는 부족하다.

어차피 하게 될 월경이라면 담담하고 기쁘게 받아들이도록

딸들은 엄마가 한 달에 한 번씩 월경을 할 때마다 아프고 힘든 것이라는 걸 눈으로 직접 보게 된다. 어떤 아이들은 엄마가 월경을 할 때 내는 짜증을 다 받아주면서 몸으로 경험하기도 한다.

실제로 교육을 갔을 때 "선생님, 생리하다가 죽을 수도 있어요?"라고 두려운 눈빛으로 질문하는 아이를 만난 적도 있다. 그 질문을 듣는데 귀여우면서도 안타까운 마음이 들었다. 평소에 이 아이가 간접적으로 경험했던 혹은 들었던 월경은 죽음과 연결시킬 정도로 힘들고 두려운 것이었을까 싶었다.

월경은 여자의 건강과 깊이 연결되어 있다. 심한 스트레스, 급격한 체중 증가나 감소, 수면 부족, 성병 감염, 성관계, 호르몬 불균형 외에도 많은 것들이 월경불순의 원인이 될 수 있다. 반대로 규칙적으로 월경을 한다는 것은 우리 몸이 비교적 안정적으로 잘 기능하고 있다는 뜻일 수 있다. 특히 아이들이 초경을 하는 것은 성장하면서 생식 능력을 정상적으로 갖게 되고 호르몬도 정상적으로 분비되고 있다는 신호다. 그래서 적절한 시기에 하지 않으면 검진을 받아보아야 한다.

결론적으로 월경이라는 것은 귀찮은 존재라기보다는 여성의 몸이 유아에서 성인으로 성장하는 과정이 순조롭게 이루어지고 있다는 신호로 받아들여야 한다. 월경에 대한 지식을 알려주는 것도 중요하지만 지식은 학교에서도 배울 수 있는 부분이다. 가정에서는 아이가 월경에 대해 너무 두려워하거나 불안해하지 않도록 대화를 많이 하고, 그런 경험들을 통해 아이가 여자로서 성장하는 것에 자부심을 느끼고 자신감이 넘치는 아이로 클 수 있도록 신경 써주는 것이 중요하다.

월경을 위해 필요한 준비물들

월경을 할 때 선택할 수 있는 준비물들은 다양하다. 보편적으로 일회용 월경대를 사용하지만 탐폰, 월경컵, 면 월경대, 월경 스펀지, 월경 팬티 등 다양한 종류가 있다. 간단하게 각각의 장단점을 살펴보자.

일회용 월경대는 구하기 쉽고 사용하기 편리하다. 처리하기도 편하고 무엇보다 월경혈 상태와 양을 눈으로 체크할 수 있다는 장점이 있다. 그러나 냄새가 날 수 있고, 염증을 유발하거나 세균 감염이 될 수도 있다. 특히 피부가 민감한 여자들은 생식기뿐만 아니라 밴드가 닿는 부분이나 사타구니 쪽 피부가 가렵거나 짓무를 수 있다.

탐폰은 일회용 월경대처럼 구하기 쉽고 작아서 가지고 다니기 편하다. 제대로 착용만 한다면 편하긴 하지만, 생각보다 질 안으로 넣는 게 쉽지 않고 재채기 같은 걸 하면 빠질 수도 있으며, 아주 드물게 독성쇼크증후군으로 인해 사망하는 사람도 보고되고 있다.

월경컵은 제대로 넣는다면 월경 중이라는 것을 까먹을 정도로 편하며, 경제적이고, 월경통이 줄어들기도 한다. 친환경적이고 오랜 시간 사용 가능하다. 그러나 월경컵 사용을 위해 손가락을 넣어 질의 길이를 재고, 월경혈을 직접 만져야 하며, 질 안으로 넣는 것이 익숙해지기 힘들다는 단점이 있다. 또 탐폰보다는 덜 위험하지만 독성쇼크증후군의 위험도 있고, 공공 화장실에서 월경컵을 비울 일이 생기면 세면대에서 헹군 후에 다시 넣어야 하기 때문에 꽤나 번거로울 수 있다.

면 월경대는 화학성분이 일회용 월경대보다 적기 때문에 염증이 덜 생기고 경제적이며 친환경적이다. 그러나 사용 후 물에 담가둬야 하기 때문에 월경혈에 대한 거부감이 없어야 하고, 외출 시 피가 묻은 월경대를 가방 속에 넣고 다녀야 하기 때문에 실용성이 떨어진다는 단점이 있다.

그 외에도 몇 가지 선택지가 더 있긴 하지만, 국내에서는 주로 위의 네 가지 정도를 많이 사용하고 있다. 각각의 특성과 사용법에 대해 딸과 함께 찾고 공부하면서 알아가는 것도 좋은 방법이다. 그리고 모든 방법이 다 장단점이 있기 때문에 아이의 생각을 물어보고 함께 맞는 것을 찾아가는 것이 좋다.

성교육을 위한 준비는 어떻게 할까?

요즘 양육자들은 아이에게 성교육이 필요하다는 사실은 너무 잘 알고 있다. 그러나 막상 아이들에게 성교육을 해주려고 하면 어떤 이야기를, 어떤 단어를 사용하여, 어디까지 이야기 해줘야 하는지 막막해한다.

시작은 가치관 점검부터

아이가 어릴 때는 자녀 성교육에 대한 부담감을 덜 느끼다가 아이의 몸과 마음에 변화가 일어나거나 아이가 직접적으로 질문할 때부터 성교육의 필요성을 더 강하게 느끼는 동시에 막막함을 느끼게 되는 경우가 많다. 이럴 때 급한 마음에 양육자 교육을 듣거나 책을 사서 바로 아이와 성에 대한 대화를 시도하는 양육자들이 있는데, 아이와 대화하기 전에는 반드시 양육자 자신의 성에 대해 들여다보는 것이 먼저가 되어야 한다.

현재 아이를 키우고 있는 양육자의 평균적인 연령대를 보면 살면서 성에 대해 충분히 고민하고 기준을 세우고 가치관을 정립하면서 살아오지 않은 경우가 훨씬 많다. 그래서 자신의 경험과 세월을 통해 알게 된 것들을 바탕으로 자녀의 성 궁금증에 반응해주게 된다. 그러다 보니 양육자가 성에 대해 부정적으로 느끼고 있다면 부정적인 영향을, 긍정적으로 느끼고 있다면 긍정적인 영향을 아이에게 주는 것이다. 그렇기 때문에 양육자가 성에 대해 어떻게 느끼고 생각하고 있는지, 아이에게 어떤 영향을 주고 있는지를 파악하는 것이 가장 먼저 해야 할 일이다.

성 가치관 점검을 위한 좋은 질문

- 나의 부모님은 나에게 성에 대해 어떤 교육이나 이야기를 해주었는가?
- 어렸을 때 내가 성에 대한 질문이나 성행동을 했을 때 부모님은 어떤 반응이었는가?
- 나의 연애 생활은 어땠는가?
- 나의 성교육 경험은 전반적으로 어땠는가?
- 나의 성 경험은 어땠는가?
- 현재 배우자와 성에 대한 대화뿐만 아니라 전반적인 대화나 신뢰도, 친밀도가 만족스러운가?
- 그 외 성 하면 떠오르는 생각이나 느낌은 어떤가?

정확한 성 지식 습득하기

내 인생에서 성이란 무엇인지에 대해 어느 정도 생각이 정리되었다면, 아이에게 알려줘야 할 성 지식을 습득하는 게 필요하다. 가치관과 다르게 성 지식은 팩트이기 때문에 책을 보거나 강의를 들으며 배우면 된다. 어려운 책 말고 아이들이 보는 성교육 책을 사서 꼼꼼하게 읽어보는 것만으로도 요즘 아이들이 배우는 수준과 내용을 알 수 있고, 아이가 책을 보거나 성교육을 받고 나서 질문할 때 당황하지 않고 대답해줄 수 있다.

아이들이 성에 대해 질문했을 때 지식적인 면에서 잘 몰라서 못 알려주는 것은 능력의 문제가 아니다. 우리 양육자들은 성 지식에 대해 교육받을 기회를 갖지 못한 세대이기 때문에 어쩌면 모르는 게 당연하고 그 부분이 조금 안타까운 지점이다. 잘 모르는 것을 능력의 부족으로 생각하지 말고 이제부터 공부해서 배우면 된다고 생각하고 공부하면 된다.

아이와 대화하는 법 연습하기

이제 가치관 점검도 하고 지식도 어느 정도 채웠다면 아이와 대화하면서 아이에게 필요한 내용을 알려주면 된다. 그런데 여기서 많은 양육자가 멈칫하게 된다.

왜냐하면 아이와 성에 대해 대화를 하는 것이 아이뿐만 아니라 양육자 입장에서도 굉장히 어색하고 어렵게 느껴지기 때문이다. 아이와 성 관련 대화를 하기 위해서는 아이가 어릴 때(4~6세)

부터 성에 대해 질문하면 긍정적으로 잘 대답해주어야 한다. 성 관련 질문에 웃으면서 반갑게 맞아주고 당황하지 않고 함께 찾아보거나 설명해주는 분위기를 만드는 것이 중요하다.

사실 성에 관한 대화뿐만 아니라 모든 주제에 대한 이야기도 최대한 많이 나누는 것이 좋다. 아이가 학령기에 들어가면서 모든 대화가 공부로 귀결되는 가정이 많다. 아이가 다른 이야기를 하고 싶어도 결국 공부를 열심히 해야 한다는 내용으로 대화가 끝나는 경우에는 대화가 줄어들 수밖에 없다. 공부가 싫었던 본인의 어린 시절을 생각해보면 아이의 마음이 대략 이해가 될 것이다. 아이가 성장하면서 부모와 함께 나눈 다양한 대화에 대한 경험이 차곡차곡 쌓여야 성에 대해 이야기하는 것이 불편하지 않고 자연스럽게 받아들여질 수 있게 된다.

아이와 성에 대한 이야기를 할 때 앉혀놓고 교육하듯이 하면 서로 어색하기 때문에 가정 성교육은 일상에서 자연스럽게 이루어지는 것이 좋다. 일상에서 마주치는 모든 것들이 아이와 대화할 수 있는 성 관련 주제가 된다. 예를 들어 초등학생 자녀와 같이 있다가 중학생 커플이 손을 잡고 함께 걸어가는 모습을 봤을 때, "○○는 저렇게 교복 입고 손잡고 걸어 다니는 커플 보면 어때? ○○는 좋아하는 사람 없어? 친구들 중에서 사귀는 친구들은 없어?"라고 대화를 시작하면 된다.

만약 아이가 대화하기 싫어한다면 그날은 질문한 것으로 만족하고 다음에 또 비슷한 상황이 생긴다면 다시 질문하면 된다.

한 번에 욕심내지 않고 조금씩 시도하면 된다는 뜻이다. 이때 조심해야 할 것은 아이가 자유롭게 생각을 이야기했는데 "그래도 네 나이 때 연애하는 건 엄마, 아빠는 반대야. 너무 빠른 것 같아. 지금은 공부하고 나중에 스무 살 되면 그때 사귀었으면 좋겠어"라는 식의 '답정너' 같은 발언은 절대적으로 피해야 한다.

태도가 가장 중요하다

자녀와의 성 대화에서 양육자가 필수로 갖춰야 할 게 뭐냐고 묻는다면 당연히 태도다. 다른 어떤 것보다 진지하게 들어주고 나무라거나 비난하지 않으며, 본인의 생각과 기준을 강요하지 않고 그 주제에 대해 자유롭고 편안하게 이야기할 수 있도록 해주는 양육자의 태도가 가장 중요하다. 그렇지 않으면 아이는 점점 양육자와 이야기하지 않게 되고, 나중에 나비효과처럼 돌아와 진짜 도움이 필요하고 위험한 순간에도 보호자에게 알리는 건 죽기보다 싫어하게 될 수 있다.

아이와 성에 대해 대화한다는 것은 신뢰가 있고 친밀하다는 뜻이다. 무슨 일이 생기면 가장 먼저 부모에게 도움을 요청할 수 있다는 뜻이기도 하다. 부디 그 끈을 양육자가 잘라버리지 않았으면 한다. 아이와 성 관련 의사소통을 할 때는 평소에, 정확한 용어로, 눈을 보면서, 무겁지 않지만 진솔하고 진지하게 이야기하는 것이 좋다. 아이와 양육자가 해야 하는 성 관련 대화는 성교육이 아니라 성 이야기, 인생 이야기라고 생각하면 좋겠다.

성인지 감수성이란?

예전부터 있었던 단어지만 최근 들어 더 이슈가 되고 있는 성 개념이 있다. 바로 '성인지 감수성'이다. 성인지 감수성이라는 것은 일상에서의 성차별 요소를 알고 성평등을 위해 어떤 것들이 달라져야 하는지 민감하게 반응하고 깨닫는 것을 이야기한다. 생소하게 느껴질 수도 있지만 최근에는 아이들 교육에서도 많이 언급되는 개념이다.

왜 중요한가

2018년 미투 운동이 일어나면서 '성인지 감수성'의 개념이 부각되었다. 미투 운동은 성폭력을 당한 피해자가 피해 사실을 사람들에게 알리면서 성폭력의 심각성을 알리는 운동이다.

미투 운동으로 인해 성인지 감수성이 향상되어야 어떤 것이 폭력이 되고, 문제인지 인식할 수 있는 사회가 된다는 것이 명확해졌다. 그런 변화가 성폭력을 예방할 수 있다는 사실도 다시 확인하게 되었다.

성차별을 누가 더 많이 받았다고 말하는 것이 조심스럽기는 하지만, 지금까지는 남성이 권력을 가진 쪽, 여성이 사회적 약자로 분류되는 구도였다고 말할 수 있다. 이런 구도가 앞으로도 계속 유지된다면 우리 딸들은 여전히 차별 받으며 부당함을 안고 살아가야 한다. 조남주 작가의 장편소설 《82년생 김지영》(민음사, 2016)에서 볼 수 있는 여성의 삶을 우리 아이들도 그대로 살아야 한다고 생각하면 갑갑한 마음이 든다.

지금의 딸들에게 필요한 것은 차별이 있으면 있는 대로 받아들이며 수동적으로 사는 것이 아니라 무엇이 문제인지 알아차리고 주도적으로 변화를 일으키는 행동력이다. 이를 이끌어내는 밑바탕에는 성인지 감수성이 자리해야 하며, 이것이 기본으로 자리할 때 비로소 차별이 줄고 성평등한 사회가 될 수 있다. 아들과 딸 모두가 안전하고 행복한 세상은 이렇게 균형이 잡혔을 때 실현될 수 있다.

무엇이 문제인가

그동안 우리는 성차별적인 요소가 많은 사회에 살고 있으면서도 그것을 자연스럽고 당연한 것처럼 여겼다. 그러나 이제는 어떤 것들이 문제가 되는지에 대해서만큼은 어느 정도 공감대가 형성되어 있다. 우리 사회의 성인지 감수성이 전반적으로 향상

되고 있는 덕분이다.

얼마 전 초등학교에 교육을 하러 갔을 때의 일이다. 아이들에게 혹시 성차별적인 이야기를 들은 적이 있냐고 물었더니 한 아이가 자기 방이 좀 지저분한 편인데 엄마가 "너는 여자애가 방이 이게 뭐니?"라고 했다면서 방 청소 이야기에 왜 여자애 소리가 들어가는지 모르겠다고 했다.

우리는 일상에서 나도 모르게 아이들에게 이런 성별 고정관념을 가진 말들을 많이 하고 산다. 아빠들은 어떨까? 음란물을 보는 아들에 대해 "남자애들은 크면서 한 번쯤은 다 보고 커. 나도 그랬어"라고 이야기한다거나 "남자라면 강하게, 목소리 크게!"라는 식의 자극을 주기도 한다.

소파에 똑같이 다리를 벌리고 비스듬히 앉아 있는 사랑스러운 아들과 딸을 보았을 때 누구에게 어떤 잔소리가 나갈까?

아들에게는 "아들, 똑바로 앉아. 그렇게 앉으면 자세 나빠져"라 말하고 딸에게는 "딸, 여자가 다리 벌리고 그렇게 앉아 있으면 안 돼. 다리 모으고 바른 자세로 똑바로 앉아" 같은 말을 한다면 이 두 문장이 지닌 맥락의 차이를 스스로 생각해보아야 한다.

성별 고정관념에서 벗어나자

이제 여자답게, 남자답게라는 개념은 없다. 우리가 살아가면서 해야 하는 대부분의 것들을 공동으로 하는 사회가 되었다.

육아, 집안일, 가족을 챙기는 일, 경제활동 등을 함께 나누고 분담해야 하는 세상이 되었고, 누구의 특성이 어디에 더 적합한 것은 없다. 능력이나 체력의 차이는 개인의 차이이지 남녀라는 성별에 국한된 차이가 아니다. 남자가 육아를 못하기 때문에 여자가 육아를 전담하는 것이 아니고, 여자가 사회활동을 할 능력이 없어서 집안일만 하고 있었던 게 아니다. 사회가 우리를 그렇게 가뒀고 그로 인해 남자는 남자대로 여자는 여자대로 큰 짐을 지고 인내하며 서로 더 힘든 짐을 들고 있다고 주장하면서 삐거덕거리며 살아가고 있었다.

이제 우리 아이들이 사는 세상에는 이런 비합리적인 성별 고정관념이 없어져야 한다. 변화는 시작되었고, 우리 아이들은 이미 변화된 생각을 하기 시작했다. 그러니 양육자도 아이들 속도에 맞춰 세상의 변화를 위해 노력해야 한다. 아이들이 성평등을 배우면서 성차별의 경험을 집에서 느끼지 않길 바란다.

오히려 성평등을 집에서 배우는 것이 아이들에게는 더 좋은 방향이다. 평등한 가족 분위기, 평등한 엄마와 아빠, 그 안에서 평등에 대해 몸소 경험하고 차별에 대해 문제의식을 가지고 함께 바꿔나갈 수 있는 안전한 공간을 만들어주는 것이 양육자의 역할이다. 그러려면 양육자가 성인지 감수성을 향상하기 위해 공부하고 노력해야 한다.

아이가 가진 경계선을 지키자

우리나라에서 성교육은 보통 5세 정도에 시작한다. 어린이집에 다니는 그 나이쯤의 아이들을 앉혀놓고 가장 많이 하는 교육이 '생명 탄생'과 '경계 존중 교육'이다. '경계' 교육은 '경계선' 교육이라고도 하는데, 성교육에서 아주 기본이 되는 주제다.

반드시 지킬 것, '경계선'

경계선은 우리 모두에게 있는 개인 영역을 의미한다. 이 개인 영역의 크기는 사람에 따라, 상황에 따라, 발달과정에 따라 달라질 수 있으며, 눈에 보이지는 않지만 누구나 가지고 있고 가져야 하는 것이다. 그러니 우리 아이들에게도 당연히 경계선이 있다.

아주 어릴 때는 경계선에 대한 개념이나 감각이 없어서 누군가가 본인을 만지거나 뽀뽀를 해도 반대로 본인이 누군가를 만지거나 뽀뽀하는 것에도 별 거부감이 없을 수 있다.

그런데 몇 개월만 지나도 누군가 함부로 자신을 만지거나 갑자기 다가왔을 때 깜짝 놀라거나 뒤로 물러서는 경우가 있다. 말로 표현하지 못할 뿐이지 아이들도 본능적으로 자기 영역을 지키고 싶어 하는 것이다. 이런 아이들의 경계선을 가장 자주 침범하는 사람은 누구일까? 바로 가족들이다.

붙어 있는 물리적 시간이 많아서 그런 것도 있지만, 흔히 양육자들은 '나는 엄마니까, 나는 아빠니까 괜찮지, 사랑 표현인데 뭐'라고 생각하고 아이의 경계선을 마음대로 침범한다. 특히 아빠들은 딸에게 농담 삼아 "아빠 말고 다른 남자는 다 안 돼. 아빠는 괜찮아"라고 하면서 사랑을 표현한다. 그런데 아이들 경계선의 단단함은 집에서부터 만들어진다. 가족들이 경계선을 마음대로 침범한다면 아이는 자신의 경계선을 견고히 만들 수 없고, 이약한 경계선은 누구든 드나들 수 있는 문이 될 수도 있다.

경계선 존중 교육은 가정에서

아무나 만져도 가만히 있는 아이로 키우고 싶지 않다면, 다른 사람의 경계선을 마음대로 침범하고 자기 마음대로 만지는 아이로 키우고 싶지 않다면, 경계선 존중 교육은 어릴 때부터 가정에서 해줘야 한다. 소그룹 성교육을 가보면 어떤 아이들은 옆에 와서 "이건 뭐예요? 봐도 돼요?"라고 말하는 아이들이 있다. 어떤 아이들은 다짜고짜 가까이 와서 강사의 물건을 만지기도 하고 저학년의 경우 안아달라고 하는 아이들도 있다.

경계선이 제대로 세워지면 다른 사람의 물건을 만지거나 다른 사람에게 가까이 갈 때 질문을 하고 동의를 구한다. 그러나 경계선이 모호한 아이들은 강사에게도 쉽게 안기고 강사의 몸을 만지거나 물건을 만지며 친밀감을 표현하고자 하는 경향이 있다. 이런 태도가 학교에서 친구들끼리 혹은 애인과의 사이에서 똑같이 일어난다고 생각해보면 어떤 방향으로 교육을 시켜야 할지 감이 올 것이다.

질문과 대답, 존중이 필수

아이들이 어리다고 해서 모르는 게 아니다. 그러니 스킨십을 할 때는 꼭 아이에게 질문하고 대답을 들어야 한다. 그리고 어떤 대답이든 존중하고 인정하고 수용해주어야 한다. 반대로 아이가 엄마, 아빠한테 달려와서 동의를 구하지 않고 만지거나 부모님 물건을 함부로 만진다면 경계선에 대해 상기시켜줘야 한다.

그 외에도 일상에서 경계선을 함께 세울 수 있는 것은 집에서 옷 잘 입고 다니기, 샤워하고 옷 입고 돌아다니기, 서로의 방에 들어갈 때 노크하기, 잠자리 분리하기 등이 있다. 경계선을 세우고 존중하며 견고히 하는 일은 일상에서 지속적으로 온 가족이 함께 노력해야 하는 것이다. 온 가족이 세우는 경계선이 아이가 사회에 나갔을 때 친구와 연인, 그 외의 대인관계에서 자신을 지키고 타인을 지키는 존중의 선이 될 수 있음을 명심해야 할 것이다.

디지털 성범죄로부터
우리 아이를 지키는 방법

　　　　　　　　　　　　　　　　　　일반 성범죄도 늘었
지만 압도적으로 많아지고 있는 것이 디지털 성범죄다. 코로나
19로 인해 아이들이 집에서 컴퓨터나 휴대전화를 사용하는 시
간이 많아졌고, 기계 사용도 학업과 직결되니 금지할 수 없는 상
황이 돼 양육자들의 고민도 날로 깊어지고 있다. 실제로 학교나
기관에서도 디지털 성범죄 예방 교육 관련 요청이 많아지고 있
으며, 양육자 대상의 교육도 디지털 성범죄 예방에 대한 비중이
점점 높아지고 있는 추세다.

디지털 성범죄의 종류

　디지털 성범죄는 디지털 기기로 성적 가해행위를 하는 모든
것들을 지칭한다. 디지털 성범죄라고 하면 어떤 것들이 떠오르
는가? 아마 '몰카'나 '촬영물 유포' 등을 가장 먼저 떠올릴 수 있을

것이다. 그 외에도 굉장히 다양한 범위로 디지털 성범죄가 정의되고, 용어도 많이 바뀌었다.

디지털 성범죄 중 가장 대표적인 것은 촬영이다. 흔히 '몰카'라고 알고 있지만, 이 명칭은 쓰지 않는 게 좋다. 정확한 명칭은 '불법 촬영'이다. 동의 없이 촬영하는 것은 모두 불법이고 이것은 엄연한 범죄다. 그리고 이 촬영물을 '유포'하는 것도 디지털 성범죄이며, 촬영이나 유포에 '참여'하는 것, 불법촬영물을 '시청'하는 것도 당연히 범죄에 해당한다. 최근 개정된 법은 인터넷에서 아동 청소년들을 대상으로 성적인 질문을 하는 것도 범죄, 사전에 디지털 성폭력을 모의하는 것도 범죄라고 보고 있다.

디지털 성범죄가 위험한 이유

디지털 성범죄가 위험한 이유는 디지털 성범죄는 일반 성범죄에 비해 시간이나 공간의 제약을 받지 않고 언제, 어디서든 일어날 수 있다는 것이다 또, 명확하게 눈에 보이는 게 아니라서 피해자가 피해를 입었다는 것을 모르는 경우도 많기 때문에 초기에 대처하기가 어렵다.

특히 아이들이 피해를 당했을 때는 온라인 그루밍(온라인상에서 가해자가 피해자를 심리적으로 지배한 뒤 성폭력을 가하는 것)이나 가스라이팅(타인의 심리나 상황을 교묘하게 조작해 타인에 대한 지배력을 강화하는 행위)이 동반되기 때문에 아이들이 피해 사실을 인지하기 어려워 도움 요청이 늦어지고, 피해 아이가 가해자를 감싸는 상황도 생기기 때문에 개입이 어려운 경우도 있다.

온라인은 특성상 개인 정보나 사진, 영상이 올라가면 그걸 완전히 삭제할 수 없다는 점에서 굉장히 위험한 공간이 될 수 있다. 무엇보다 디지털 성범죄가 위험한 이유는 예전처럼 온라인과 오프라인의 경계가 뚜렷하지 않고 온라인에서 있었던 일들이 오프라인의 삶에 영향을 주기 때문이다.

우리 아이들이 위험하다

디지털 성범죄에서 우리 아이들이 피해자로서 타깃이 될 가능성은 굉장히 높다. 성범죄의 대부분이 그렇지만, 가해자는 자기보다 힘이 없고 약하면서도 잘 구슬릴 수 있는 쉬운 상대를 타깃으로 삼는다. 그런 방면에서 아이들은 가해자에게는 더 없이 좋은 먹잇감이 될 수 있는 것이다. 텔레그램 성착취 사건(N번방)만 봐도 피해자의 대부분이 아동·청소년이었다.

영국 미들섹스대학교의 연구[1]에 따르면 가해자들은 온라인에서 아동들과 채팅할 때 불과 3분 만에 성적인 주제를 꺼낼 수 있고 8분 만에 유대를 형성할 수 있다고 한다. 가해자들은 아이들의 취약점, 호기심을 자극하고 누구보다 아이들의 말에 공감해주는 방법으로 아이들의 마음을 열 수 있었다고 한다.

---

1 http://h21.hani.co.kr/arti/society/society_general/48791.html

아이들은 왜 쉽게 마음을 열까?

양육자 입장에서는 아이들이 가해자에게 쉽게 마음을 여는 것이 답답하고 이해가 안 될 수도 있다. 가해자들이 아이들에게 사용하는 주제나 경로를 보면 게임에 관한 주제가 굉장히 많고, 아이들의 성적 호기심을 이용하거나, 일상적인 대화의 상대가 되거나 진로나 학교 정보 같은 필요한 정보를 제공해주면서 아이들의 마음을 열기 위해 노력한다.

가해자들은 아이들이 원하는 것들을 제공하고, 아이들의 마음을 보듬어주면서 의지할 수 있는 존재가 되어 전적인 신뢰를 얻게 된다. 그럼 아이들이 왜 이런 온라인 속의 존재를 신뢰하고 따르게 되는 걸까? 그 이유는 현실에서 경험하기 어려운 인정, 칭찬, 관심, 공감을 가해자들이 제공해주기 때문이다. 학교에 들어가면서 점점 줄어드는 부모님의 인정과 관심 그리고 칭찬을 가해자가 듬뿍 해주면서 아이들은 완전히 빠져들게 된다.

다시 말해 아이들은 인정, 칭찬, 관심, 공감을 매우 필요로 하는데, 현실 속 관계에서 충족되지 않기 때문에 온라인 세상에서 충족해주는 대상에게 자꾸 마음을 열고 의지하게 되는 것이다.

피해를 당하고도 신고하지 못하는 이유

디지털 성폭력의 피해자가 되고 협박을 당하는 와중에도 많은 아이들은 초기에 가족이나 선생님에게 도움을 요청하지 못한다. 그 이유를 물어보면 아이들은 '혼날까 봐'라고 대답한다. 또

시키는 대로 하면 진짜 더 이상 괴롭히지 않을 거라는 말을 있는 그대로 믿기 때문에 혼자 해결하려고 하는 아이들도 많다.

아이들의 순수함을 이용하는 가해자들이 진짜 나쁜 인간이라는 것은 변함없는 진리지만 우리가 주목해야 할 것은 '혼날까 봐' 말하지 못하는 아이들이다. 양육자의 마음은 그게 아니니 아이들의 이런 걱정이 참으로 안타깝고 미안해진다. 부모는 자식이 위험에 빠지면 무슨 일이 있어도 아이를 보호하기 위해 최선을 다할 것임이 분명한데 아이들은 그렇게 느끼지 않는 것이다.

아이들은 자신이 위험에 처한 상황에서도 '엄마, 아빠가 온라인에서 친구 사귀지 말라고 했는데 내가 말 안 들었으니까, 알면 엄청 혼나겠지?'라고 생각한다. '무슨 일이 있어도 엄마, 아빠는 내 편이고 나를 도와줄 거야'라는 신뢰를 양육자에게 느끼지 못하는 게 현실이라는 뜻이다.

디지털 성범죄 예방을 위한 다섯 가지 행동수칙

"디지털 성범죄 예방을 위해서 무엇을 할 수 있을까요?"라는 질문에 많은 양육자가 "스마트폰 사용을 못하게 해야 하나요?", "휴대전화랑 컴퓨터로 뭘 하는지 계속 체크해야 되겠어요" 같은 대답을 한다. 물론 아이가 온라인 세상에서 스스로를 어떤 캐릭터로 만들어 주로 뭘 하고 누구와 대화하는지 모니터링하는 것은 보호자로서 해야 할 일이다. 그러나 그것보다 더 본질적인 부분에 접근해야 '예방'이라는 걸 할 수 있다. 아이들이 하는 걸 지켜보는 것은 예방이 아니라 관리에 더 가깝기 때문이다.

디지털 성범죄 예방을 위해 다음 다섯 가지를 명심해야 한다.

첫째, 아이들이 애타게 원하는 인정, 칭찬, 관심, 공감을 제공해주어야 한다. 전혀 모르는 온라인 세상의 어떤 언니, 오빠, 아저씨들보다 아이들이 가장 사랑하는 부모님과 가족들이 인정해주고 칭찬해주고 관심 가져주고 공감해준다면 아이들은 온라인 세상에서 그것을 해줄 누군가를 찾지 않을 것이다.

둘째, 아이들과 대화를 많이 하는 것이 좋다. 우리 아이가 평소에 어떤 것에 관심이 있고 어떤 생각들을 가지고 있는지, 인터넷을 할 때는 주로 어떤 것들을 재미있어하는지에 대해서도 이야기하고 일상에 대해서도 대화를 많이 하는 것이 중요하다.

온라인에서 아이들이 특별한 이야기를 하는 게 아니다. 가해자와의 대화에서도 학교에서 있었던 일, 부모님한테 혼난 일, 공부에 대한 스트레스, 성에 대해 궁금한 것들에 대해 이야기한다. 아이들이 가족들과 대화가 충분하게 잘된다고 느끼지 못할수록 이상적인 대화 상대를 온라인에서 찾는 것이다.

셋째, 현실 속에서 관계의 중요성을 느끼게 해주는 것이 필요하다. 특히 지금처럼 학교도 잘 못 가고 친구들을 만나기 어려운 상황에서는 가족의 역할이 더욱 중요하다. 실제로 어떤 사람인지 모를 온라인 속의 그 누군가보다 진짜로 만지고 눈으로 볼 수 있는 가족과 친구들이 더 믿을 수 있고 중요한 사람들임을 아이가 생활에서 느낄 수 있도록 표현을 많이 해줘야 한다.

넷째, 주기적으로 성교육을 시켜주는 것이 중요하다. 아이들에게 디지털 성폭력에 대해 이야기하면 "협박하면 바로 신고하면 되죠!", "그런 걸 도대체 왜 당해요? 딱 보면 나쁜 사람인 거 알 텐데" 이런 반응을 보인다. 그런데 아이러니하게도 디지털 성폭력을 당한 아이들은 심각한 상황이 되기 전까지는 본인이 피해를 당하고 있다는 사실조차 모르는 경우가 훨씬 많다. 따라서 미리 교육을 시켜주면서 많은 사례를 알려주고 온라인상에서 친구 사귀는 방법, 디지털 성폭력을 알아차리는 방법, 상황에 대처하는 연습, 도움을 요청하는 방법을 알려주는 것이 필요하다.

마지막으로 사회적인 흐름에 관심을 가지고 사회 변화를 위해 양육자가 노력해야 한다. 내 아이만 꽁꽁 싸매고 지키는 게 아니라 관련 법이나 사회적인 문제점에 대해 궁금해하고 관심을 가질 필요가 있다는 의미다. 생각해보면 아이들을 타깃으로 한 디지털 성범죄가 일어나는 것 자체가 문제 아닐까? 왜 아이들은 힘없이 당해야 하고 양육자들은 우리 아이한테 이런 일이 발생하지 않았으면 하면서 노심초사해야 하는 것인가? 아이들에게 그런 몹쓸 짓을 했는데 처벌이 미미하게 나오는 이유가 뭘까?

이런 것들에 대해 끊임없이 문제의식을 가지고 사회 변화를 위해 함께 힘을 합쳐야 아이들이 살기 안전한 사회를 만들 수 있다. 이런 맥락에서 학교 성교육이 제대로 이루어지지 않고 있다면 성교육 진행 요청을 적극적으로 해서 공교육 안에서도 충분한 디지털 성범죄 예방 교육을 받을 수 있도록 해주어야 한다.

만약 사건이 일어났다면

사건이 일어났다면 개인적으로 해결하는 것이 힘들 수 있다. 디지털 성범죄가 심각해지면서 여러 기관에서 피해자 지원을 위해 노력하고 있으니 전문 기관에 도움을 요청하는 것이 좋다.

| 성폭력 피해에 대해 도움을 받을 수 있는 기관과 단체 |

기관 및 단체명	전화번호	사이트 주소
경찰청	112	
나무여성인권상담소	02-2275-2201	namuright.or.kr
디지털성범죄피해자 지원센터	02-735-8994	d4u.stop.or.kr (상담 지원, 피해촬영물 삭제 지원, 수사·법률·의료 연계 지원)
아동·여성·장애인 경찰지원센터	117	
여성긴급전화	1366	www.women1366.kr
온 서울 세이프	카카오톡 오픈채팅 '도담별'	신고·수사 지원, 지낼 곳 지원, 일자리 연결, 병원비 지원, 심리상담 연결)
전국범죄피해자 지원연합회	1577-1295	경제적 지원, 심리 지원, 법률 지원, 주거 지원, 기타 지원
탁틴내일	02-3141-6191	www.tacteen.net (아동·청소년 성폭력 상담)
한국여성민우회	02-335-1858	www.womenlink.or.kr (심리적 지원, 법적 지원, 의료적 지원, 쉼터 연계)
한국여성상담센터	02-953-2017	www.iffeminist.or.kr
한국사이버성폭력 대응센터	02-817-7959	cyber-lion.com (상담 지원, 영상 삭제 지원, 수사·법률 지원, 심리치료 지원)
한국여성의전화	02-2263-6465	www.hotline.or.kr
한국성폭력상담소	02-338-5801	www.sisters.or.kr
해바라기 센터 중앙지원단	02-735-7510	www.women1366.kr (상담 지원, 의료 지원, 수사·법률 지원)

2장

성교육,
빠를수록 좋다

아이가 자위를
심하게 하는 것 같아요

"6세 아이가 자위를 심하게 합니다. 생식기가 빨갛게 부어 있는 경우가 많습니다. 처음에는 잘 때 팬티에 손을 넣고 잤고, 자위를 하는 걸 발견했을 때는 너무 놀라서 혼내기도 하고 나중에는 달래기도 했는데 이제는 숨어서 하네요. 어떻게 해야 할지 모르겠어요."

어린이집에 양육자 성교육을 하러 가면 간혹 아이의 자위가 점점 심해져 어떻게 개입해야 할지 모르겠다는 고민을 털어놓는 경우가 있다. 이럴 때는 유아 자위 자체에 대한 이해와 상황 파악이 가장 중요한 포인트다.

아이도 성적 존재다

성교육에 관심이 있는 양육자라면 '유아 자위'라는 단어를 들어본 적이 있을 것이다. 만약 한 번도 들어보지 않은 양육자라면 '뭐?! 유아도 자위를 한다고? 세상에……'라고 생각할 수도 있지만 인터넷 검색만 해봐도 유아 자위에 대한 상담이나 강의 내용이 굉장히 많다는 걸 알 수 있을 것이다.

만약 아이가 자위를 한다면 아이에 대해서, 또 아이의 자위에 대해서 개념부터 정리하고 개입해야 한다.

자위에 대한 가장 기본적인 전제는 인간은 성적 존재이고 아이들도 마찬가지라는 것이다. 아이들도 성적으로 기분이 좋고 나쁨을 알 수 있으며, 자위는 엄마 배 속에서도 한다는 것은 이미 여러 번 확인된 사실이다. 그렇다고 해서 어른들이 생각하는 폭발적인 성적 쾌감을 느끼는 것은 아니다. 자신의 몸을 탐색하다 우연히 발견한 기분 좋은 느낌 정도로 생각하는 것이 좋다.

보통 아이의 자위행위를 보고 혼내거나 지적하는 이유는 자위에 대한 부정적인 생각 때문이다. 특히 아들과 딸의 행동에 대한 반응 차이가 나타난다. 아들이 자기 고추를 만지작거리는 것은 귀엽다고 웃어넘기는 양육자도 있지만, 딸이 엎드려 힘을 주거나 생식기를 만진다는 것에 대해서는 유독 충격을 받거나 자연스러운 것으로 받아들이지 못한다.

이런 생각과 태도는 굉장히 성차별적인 관점이며 아이의 자위에 대한 부정적인 생각은 아이의 자위행위를 보면서 어른의 자위를 상상하는 양육자의 잘못된 개념 때문임을 분명히 알아야 한다. 아이들의 자위는 어른들의 자위와는 다르며, 가끔씩 하는 자위가 아이의 건강이나 성 의식에 큰 문제가 되지는 않는다.

자위를 하는 상황과 이유를 파악해야 한다

아이들이 자위를 하는 빈도와 상황에 따라 그리고 양육자가 알게 되었을 때 아이의 태도에 따라 개입해야 하는 방향이 다르기 때문에, 아이들이 자위를 하는 것을 목격했다면 바로 개입하는 것이 아니라 그때부터 유심히 관찰할 필요가 있다.

위에서도 설명했지만, 어쩌다 한 번씩 아이가 자기 전에 생식기를 만지거나 팬티에 손을 넣고 자는 정도 또는 어쩌다 한번씩 엎드려서 힘을 주는 것처럼 아주 가끔 하는 자위는 그냥 모른 척 내버려두면 점점 줄어드는 경우가 대부분이다. 하지만 아이가 자위를 점점 더 자주 한다고 판단되면 아이가 언제 주로 자위를 하는지 살펴봐야 하고, 아이가 자위를 할 때 기분이나 상황들을 고민해보면서 이유를 찾아야 한다.

유아들이 자위를 하는 경우는 크게 네 가지로 나눌 수 있다.

첫째, 정서적 교감의 욕구가 큰 아이들이 그 욕구가 충분히 충족되지 않으면 자위를 할 수 있다.

둘째, 워낙 에너지가 강한 아이들은 에너지 표출이 잘 안 되면 자위를 할 수 있다.

셋째, 스트레스를 받거나 지루한 상황에서 자위로 해소하는 아이들도 있다.

넷째, 성폭력에 노출된 경우 아이가 자위를 할 수도 있다.

이유에 맞게 개입해야 한다

아이가 자위를 한 경우에 단순히 내 마음이 불편해서 지적하거나 혼내는 건 아닌지 고민해봐야 하며, 시간을 두고 이유를 파악한 후에 그에 맞는 개입을 해야 한다. 다음은 네 가지 유아 자위 경우에 따른 개입 방법이다.

첫째, 정서적 교류의 욕구가 강한 아이들은 본인도 표현을 많이 하고 엄마, 아빠도 많이 표현해주기를 원한다. 이런 아이들이 자위를 하게 된다면 자위에 대해 언급하지 않고 평소에 언어적인 표현뿐만 아니라 비언어적인 표현, 즉 스킨십과 신체적 격려들을 충분히 해주는 것이 중요하다.

양육자 입장에서는 '이 정도면 충분할 거야'라고 생각할 수도 있는데 이럴 때는 먹방 유튜버를 생각해보자. 라면을 열 개씩 먹는 유튜버들은 한 개 정도 먹어서는 간에 기별도 안 간다고 하는데, 정서적 교류도 그렇다. 양육자가 생각하는 것 이상으로 표현해야 아이에게 충족될 수 있음을 기억해야 한다.

둘째, 에너지 수준이 높은 아이들의 특징은 하루종일 활동을 해도 집에 와서 또 몸을 움직이며 놀고 싶어 하는 아이들이다. 이런 아이들은 충분히 에너지를 발산하지 못하고 억압되면 그 영향으로 자위를 할 수도 있다. 특히 딸들이 에너지가 많으면 양육자들이 보편적으로 가지고 있는 여자아이의 특성을 벗어난다고 느껴질 수 있기 때문에 일상의 행동들을 지적하게 된다. 이때 아이가 받는 스트레스가 더 높아질 수 있으므로 자위로 이어질 가능성이 높다.

이럴 경우 아이와 충분히 많이 놀아주고 아이의 에너지를 발산할 수 있는 활동을 시켜주는 것이 좋다. 예를 들어 책 읽기보다는 달리기, 바둑보다는 수영을 시키는 게 좋다. 그리고 일주일에 한 번 정도는 아이가 지쳐 잠들 정도로 하루 전체를 활동적으로 보내는 것도 도움이 된다.

셋째, 스트레스를 받거나 지루할 때 자위를 하는 아이들도 있는데, 실제로 어느 초등학교에 갔을 때 초등학교 1학년 쌍둥이를 키우는 엄마에게 이와 관련한 질문을 받은 적이 있다. 그 엄마는 퇴근하고 돌아와서 밥 차리기 전에 잠깐 시간을 내서 둘을 앉혀놓고 동화책을 읽어주는데, 그때마다 아이들이 생식기를 만지며 몸에 힘을 준다는 것이다. 집안일 하기도 빠듯한 시간을 쪼개서 책을 읽어주는데 아이들은 딴짓을, 그것도 자위를 하니 그럴 때마다 화가 난다고 하소연했다.

이런 경우 어떤 개입이 이루어져야 할까? 똑같은 시간을 사용하더라도 아이에게 동화책을 읽어주기보다는 몸을 사용해서 할 수 있는 간단한 게임이 훨씬 스트레스를 덜 주게 되어 좋다. 몸을 움직이면서 아이들은 지루할 틈이 없게 되고 자연스럽게 자위행위가 줄어들게 될 것이다.

그리고 아이들이 받는 스트레스는 지루함 때문만은 아니다. 양육자가 너무 엄하거나 지적을 자주 하는 경우, 비난이나 긴장감을 조성하는 경우 등이 모두 스트레스를 유발한다. 그럴 때는 아이가 너무 불안해서 심리적 안정을 위해 생식기를 만지거나 자위를 할 수도 있으니 그런 부분도 체크해봐야 한다.

마지막으로 아이가 갑자기 자위를 심하게 하거나 짜증을 심하게 낸다면 혹은 잘 놀라거나 예민해졌다면 아이의 팬티와 생식기를 잘 관찰해야 한다. 이런 경우는 아이가 성폭력에 노출되었을 가능성도 염두해두어야 한다. 성폭력이 의심될 경우에는 의사나 상담사 같은 전문가에게 의견을 구하는 것이 도움이 된다.

제대로 개입하지 않으면 강화된다

아이들이 무심코 하는 자위행위지만 다양한 원인이 있다. 그렇기 때문에 원인에 대한 적절한 개입이 필요하며, 양육자의 불편한 마음에만 집중해서 아이를 혼내거나 윽박지르면 아이는 자기 몸을 만지는 것에 대해 눈치를 보게 되고 결국 자기 몸에 대한 주체성을 잃게 되고 숨어서 자위를 하고 자위 자체에 집착하게 될 수도 있다.

어쩌다 한 번 아이가 생식기를 만지거나 힘을 주는 행위를 한다면 그냥 모른 척 넘기는 것이 가장 좋다. 혼내지도 않았고 아무런 개입도 하지 않았는데, 혹은 엄마, 아빠가 혼내서 아이의 자위행위가 점점 잦아지거나 6개월 이상 지속된다면 전문가에게 도움을 받는 것이 좋다.

아이가 부부관계를
목격해버렸어요

"부부관계를 하다가 아이가 들어와서 깜짝 놀랐습니다. 아이가 잠든 걸 확인했기 때문에 문을 잠그지 않아서 이 사달이 났네요. 아이가 별말은 안 하는데 먼저 언급을 해야 할지 그냥 넘어가는 게 나을지 모르겠어요. 그 장면이 아이 기억에 강하게 자리 잡는 건 아닌지 걱정입니다."

양육자 교육을 마치고 질의응답까지 끝낸 뒤 강의장을 나가려고 할 때 어느 어머니 한 분이 곤란한 표정으로 따라 나오면서 한 질문이다. 아이를 키우는 양육자이자 부부관계를 주기적으로 하는 부부라면 충분히 일어날 수 있는 상황이다. 부부의 입장에서는 꽤나 당황스럽지만 섣불리 아이와 대화를 시도할 수도 없는 상황이라 이런 경우 고민을 많이 하신다. 그럼 어떻게 대화를 시작할 수 있을까?

대화가 필요한 상황인지 파악하기

일단 대화를 시작하기 전에 아이와 대화가 필요한 상황인지 파악하는 것이 필요하다. 아이의 연령에 따라서 조금 다를 수 있지만, 어떤 경우에는 아이가 잠에 취해 보긴 했지만 기억하지 못하기도 한다. 그럴 경우에는 굳이 아이들에게 모든 것들을 털어놓을 필요는 없다. 또 유아기 아이들은 목격해도 무슨 상황인지 모를 수도 있기 때문에 일단 아이들에게 모든 상황을 디테일하게 설명하기보다는 아이가 본 것이 무엇이고 현재 아이의 기분이 어떤지 파악하는 것이 먼저가 되어야 한다.

상황에 따른 개입 방법

〈상황 1 – 같이 자자고 하는 아이〉

부부관계를 하는 도중에 아이가 문을 열고 들어왔다. 잠이 덜 깬 듯하고 잠깐 멈칫하다가 엄마, 아빠랑 같이 자겠다고 한다.

이런 경우에는 일단 아이를 재우고 다음 날 "어제 자다가 왜 엄마, 아빠 방으로 왔어? 바로 안 들어오고 서 있었던 거 기억나?"라고 물어보면 된다. 아이가 기억하지 못한다면 자다가 엄마, 아빠 방으로 왔던 아이의 감정들, 예를 들어 무서운 꿈을 꿨다거나 어디가 아팠다거나 이런 것들에 대해 충분히 공감해주면 된다. 아이가 어리다면 자다가 무섭거나 아프면 언제든지 부르라고 안심시켜주면 자연스럽게 잠자리 분리 교육과 연결해 개입할 수 있다.

만약 아이가 7세 이상의 아동이라면 똑같이 무섭거나 아픈 마음을 공감해주되, 엄마, 아빠의 방은 부부인 엄마, 아빠의 공간이고 특히 밤에는 둘이 편한 모습으로 잠들 수 있기 때문에 꼭 노크를 해주면 고맙겠다는 이야기를 덧붙여주면 좋다.

〈상황 2 - 울음을 터뜨리는 아이〉

부부관계를 하는 도중에 아이가 문을 열고 들어왔다. 잠깐 멈 칫하다가 놀란 표정으로 울음을 터뜨렸다.

실제로 아이가 부부의 성관계 장면을 목격하고 아빠가 엄마 를 때리고 괴롭히는 거라고 착각해서 놀란 마음에 울음이 터져 서 굉장히 곤란했다는 이야기를 종종 듣게 된다.

이런 경우 아이의 감정을 살펴준 후 어떤 장면을 봤는지, 그 장면을 보고 어떤 생각이 들었는지 물어보는 것이 중요하다. 아 이의 감정을 다독이고 안심시키고 나면, 상황에 대한 설명이 필 요하다.

"엄마와 아빠는 서로 사랑하는 사이이기 때문에 잘 때 옷을 벗 고 잘 수도 있고, 엄마, 아빠 둘만 할 수 있는 사랑의 표현을 할 수도 있는데 그게 ○○가 봤을 때는 아빠가 엄마를 괴롭히는 것 처럼 보였구나. 이건 엄마와 아빠 단둘이서만 할 수 있는 거기 때문에 엄마, 아빠가 조심했어야 했는데 문을 잘 잠그지 않고 ○ ○가 보고 놀라게 해서 미안해"라고 이야기해주는 것이 좋다.

만약 아이가 울거나 놀라지 않고 담담하게 뭐 하고 있는지 물 어보는 상황도 비슷하다. 아이의 감정을 달래주는 과정이 빠지 지만, 아이에게 솔직하게 이야기하고 제대로 문을 잠그지 않은 것에 대한 사과, 안방에 대한 개념을 설명하고 노크해줄 것을 부 탁하면 된다.

안방 문단속과 노크는 필수다

아이들 교육을 하다 보면 어릴 때 부모님이 성관계하는 것을 목격한 적이 있지만 아무 말도 하지 않았다고 이야기하는 아이들이 있다. 그리고 그때 당시에는 적잖이 충격을 받았었다고 덧붙인다.

어릴 때부터 아이들이 부부의 자연스러운 스킨십을 보고 자라는 것은 아주 좋다. 부모가 아이들 앞에서 적절한 스킨십을 한다면 아이들은 자연스럽게 사랑과 신뢰를 바탕으로 한 스킨십이 무엇인지를 보고 배우는 효과가 있기 때문이다. 그러나 우리가 신중해야 하는 것은 가족 간의 경계선을 넘지 않는 선에서 오픈해야 한다는 것이다. 각자의 사생활은 사생활로 존중하고 지키는 것이 무엇보다 중요하다.

부부관계는 지극히 개인적이고, 사랑하는 부부 단둘이서만 서로의 동의하에 할 수 있는 행위다. 그래서 둘만의 비밀로 간직하며 안전하고 편안한 상황에서 할 수 있어야 한다. 그런 상황을 만들기 위해 자녀가 있는 집이라면 성관계를 하기 전에 반드시 안방 문단속을 하는 것은 필수다. 그리고 아이가 6~7세 정도가 되면 각 방의 주인, 서로의 방에 들어갈 때 노크하기 같은 규칙을 정해 함께 노력하는 것이 필요하다.

몇 살까지 함께
목욕해도 될까요?

"6세 딸과 9세 아들을 키우는 엄마입니다. 아직 두 아이를 같이 목욕시키고 있는데 딸아이가 오빠의 소중한 부분을 보고 장난을 칩니다. 혹시 목욕하는 것도 분리해줘야 하는 시기가 따로 있나요?"

남매끼리의 목욕, 성별이 다른 양육자와 자녀가 함께 목욕을 해도 되는지, 분리해야 한다면 언제쯤부터 해야 하는지 질문하는 양육자들이 많다. 함께 목욕하는 것, 잠을 자는 것, 집에서 옷 벗고 돌아다니는 것들은 앞서 말한 '경계선'과 연결되는 주제다.

내 마음과 아이의 마음을 살펴보라

아이들이 3~4세 정도 되면 성정체성이 발달하게 된다. 이 전에는 크게 인지하지 못했지만 이 시기부터는 남자와 여자의 차이를 궁금해하고 자신이 여자인지 남자인지, 엄마와 아빠 중 누구랑 같은 성별인지 관심을 가지는 시기인 것이다. 이때부터는 아이가 성에 대해 질문을 많이 하기 때문에 양육자 입장에서는 당황스러운 일이 생길 수도 있다.

당황한 질문을 해서 그럴 수도 있지만, 꼭 질문을 하지 않더라도 목욕을 하다가, 자다가, 할머니, 할아버지가 오셨을 때 등 아이가 하는 말이나 행동때문일 수도 있다.

아이가 성에 대해 궁금해하거나 성에 대한 말이나 행동을 한다면 대부분의 양육자는 당황할 수밖에 없고, 어떤 경우에는 미묘하게 걱정스럽고 불쾌한 감정을 느끼게 되기도 한다. 예를 들어 자위하는 딸을 봤을 때, 마냥 귀엽고 사랑스러웠던 아이에 대해 불편한 마음이 생긴다거나, 그런 마음이 들었다는 것 때문에 죄책감이 들 수도 있다.

양육자가 함께 목욕하는 남매나 이성의 양육자-자녀 사이에서 이런 감정을 느끼게 된다면, 아이의 연령이 몇 살이었든지 목욕을 분리해주는 것이 좋다. 또 양육자가 그런 감정을 느끼지 않더라도 자녀가 성적인 말이나 행동을 자주 하거나 남매의 몸에 대해 관심을 가지고 장난치는 경우, 만지려는 경우, 질문하는 경우라면 자연스럽게 목욕을 분리해주는 것이 좋다.

되느냐 안 되느냐의 문제가 아니라 매너 문제다

목욕, 잠자리, 옷차림에 대해 "몇 살부터 무조건 해야 합니다. 이때를 놓치면 아이의 발달에 문제가 발생할 수 있습니다"라고 말할 수 있는 정확한 기준과 근거는 없다. 그러나 아이가 커서도 가족 앞에서 너무 허물없이 지내서 걱정하는 경우가 많은데, 나중에 걱정돼서 행동 수정을 하려고 해도 한순간에 되지 않기 때문에 미리미리 준비하고 습관을 만들어 가는 것이 좋다.

그리고 목욕, 잠자리, 옷차림은 성적인 관점으로 보면 접근하기가 훨씬 어렵다. "너 그러면 큰일 나!"가 아니라 "네가 불편하더라도 그리고 함께하고 싶더라도 다른 사람을 존중하기 위해 양보하고 포기해야 하는 게 있단다"라는 개념이 더 적절하다. 특히 아이가 어릴 때는 더 그렇다.

자신의 경계선을 가지게 하고 다른 사람을 존중하고 양보할 수 있는 아이로 키우기 위한 것이다. 가족 간에도 지켜야 할 예의(매너)가 있고, 내 마음만 중요한게 아니라 다른 사람의 의견도 살펴야 한다는 교육 차원이라고 생각하면 좋겠다.

온 가족이 함께, 양육자부터 하자

경계선 교육을 할 때는 온 가족이 함께, 양육자부터 본보기가 되는 것이 좋다. 남매끼리의 목욕은 분리하면서 양육자가 누군가 욕실에 있는데 노크도 없이 함부로 들어가거나 샤워를 하고 옷도 입지 않은 채 나와서 아이들을 혼란에 빠뜨리는 일은 없어야 한다. 남매의 목욕 분리의 성공 여부보다는 아이들과 함께 가족 규칙을 정하고 그 규칙을 양육자부터 잘 지키고 함께 실천해 나가는 것이 중요하다. 그것이 경계선을 세우는 과정이고 이 과정 자체가 교육이 된다. 그리고 날씨가 더운 날, 집에서 목욕 전에 놀이의 하나로 목욕 전 시간을 활용하고 싶다면 수영복을 사용하면 놀이와 목욕을 분리할 수 있다.

아이와 언제까지 같이 자도 될까요?

"10세 딸과 지금도 함께 잡니다. 제가 딸의 방에서 함께 자고
남편은 안방에서 혼자 자요. 가끔 안방에서 셋이 같이 잘 때도
있는데, 아이와 잠자리 분리를 언제쯤 하면 좋을까요?"

잠자리 분리는 양육
자 교육에 가면 꼭 나오는 질문이고 강의할 때 꼭 언급하는 내용
중 하나다. 왜냐하면 우리나라는 특히나 잠자리 분리가 너무 늦
게 이루어지는 편이고, 심지어 그 필요성을 전혀 느끼지 못해서
사춘기 자녀들과 계속 함께 자는 양육자도 있기 때문이다.

건강한 관계는 적절한 거리가 있는 관계다

미국에 살고 있는 18개월 된 나의 조카는 부모와 같은 방에서
자지만 침대를 분리해 부모와 아이가 각자의 침대에서 자고 있
다. 해외에서는 잠자리 분리를 모유 수유가 끝날 때쯤부터 한다
고 들었다. 정확하지 않더라도 아이가 싫고 좋음을 짧은 단어로
표현하기 시작하면서부터 분리하는 것이다. 그런데 우리나라에
서는 4~5세가 되어도 따로 자면 큰일 나는 줄 아는 집이 대부분

이다. 아이나 부모 할 것 없이 그때는 같이 자는 게 당연한 것이라고 생각한다. 그러나 가족 간에도 거리는 필요하다. 특히 자는 것, 화장실에 가는 것과 같은 사적인 활동은 더더욱 그렇다. 가족 간의 거리는 곧 경계선 교육으로 이어지게 된다.

잠자리를 최대한 빠르게 분리해야 한다는 의미보다 적어도 아이가 뭔가를 알게 되는 시기가 된다면 가족 간에 서로 불쾌하거나 당황스러울 일을 만들지 않는 것이 낫다는 의미다. 예를 들어 부부간에 사랑을 표현하기 위해 스킨십을 하다가 아이가 갑자기 안방에 들어와서 어색해지거나, 누군가 화장실에 있는데 벌컥 문을 열어 순간적인 불쾌감을 느끼는 일 등을 만들지 않기 위한 기초 작업이 잠자리 분리가 될 수 있다는 것이다.

아이가 적응할 시간이 필요하다

심리학자들은 아이들이 크는 과정에서 적절한 좌절은 꼭 필요하다고 말한다. 적절한 좌절을 경험한 아이들이 두려움과 좌절, 공포 앞에서 용기 내어 앞으로 갈 수 있다는 것이다.

많은 양육자들이 아이가 무서워하기 때문에 잠자리 분리가 어렵다고 말한다. 물론 혼자 자려면 쉽게 잘 되지 않는 게 당연하다. 이때 너무 강하게 밀어붙이면 아이에게 잠자리에 드는 것이 공포스러운 일이 될 수도 있으므로 아이가 적응할 수 있는 시간을 갖는 게 중요하다. 대책 없는 좌절이 아니라 '적절한' 좌절은 아이에게 도움이 되기 때문에 좌절에 적응할 수 있고 용기 내어 도전하고 성공할 수 있는 경험을 만들어주는 것이 좋다.

처음 분리를 시도할 때는 아이가 잠들 때와 깰 때 양육자가 옆에 있어주는 것이 좋다. 그리고 중간에 아이가 깨더라도 엄마나 아빠를 부르면 언제든지 달려갈 수 있도록 방문을 열어놓거나 종 같은 것을 아이에게 준비해주는 것이 도움이 된다.

아이와 잠자리 분리를 시도할 때는 아이의 반응에 즉각적으로 반응하여 다른 방에서 자더라도 언제나 엄마, 아빠는 너에게 집중하고 너를 보호할 준비를 하고 있다는 안정감과 신뢰를 가지도록 노력하는 것이 중요하다. 이렇게 했을 때 아이가 자고 깨는 것에 무리가 없어진다면 잠을 잘 때만 함께해주면 된다. 아이가 초등학교에 들어가더라도 잠들 때 엄마나 아빠가 옆에서 아이와 이야기 나누고 아이에게 자연스럽게 스킨십을 해주는 것은 아주 귀중한 시간이니 꼭 함께 해주는 게 좋다

새벽에 부르면 가야 하는 번거로움을 경험하면서 굳이 잠자리를 분리해야 하나 싶은 양육자도 있을 것이다. 그러나 나중에 아이가 2차 성징이 일어나고도 민망함 없이 엄마, 아빠 사이에 들어오는 것에 대해 고민하고 싶지 않다면, 다 큰 아이가 시도 때도 없이 벌컥벌컥 안방 문을 열어 당황하는 것으로 고민하고 싶지 않다면 잠자리 분리가 예방책이 될 수 있다.

부부의 불편함은 부부의 몫이다

자녀와의 잠자리 분리에 대해 질문하는 양육자들의 상당수가

오랜 시간 부부가 따로 자면서 안방에서 함께 자는 것이 어색하거나 불편한 경우다. 특히 엄마들이 남편과 함께 자는 것이 불편하거나 함께 자면 의무성을 가지고 해야 하는 부부관계가 귀찮아서 아이와 함께 자는 경우도 적지 않게 있다.

"아빠가 코 골아서 엄마가 아빠랑 같이 자기 싫대요" 같은 말을 수업시간에 하는 아이들이 꽤나 많은데, 이렇게 엄마가 왜 아빠와 함께 자기 싫은지 아이에게 대수롭지 않게 이야기하고 그것에 대해 아이가 정확하게 인지하고 있는 경우는 꽤나 당황스럽다. 부부가 함께 안방을 쓰고 아이는 아이 방에서 자는 것이 당연한 것이 되어야 아이와의 잠자리 분리도 가능해진다. 그리고 아이도 엄마, 아빠는 부부라서 함께 자는 것, 안방은 부모님의 방이라는 것이 인지되어야 서로의 공간과 경계선을 존중하는 훈련을 시작할 수 있게 된다. 잠자리 분리는 꼭 정답이 있는 건 아니지만, 어느 순간 잠자리 분리가 되는 건 아니니 저학년 때부터 천천히 자신의 경계를 세우는 연습이 필요하다.

특히 딸들이 쉽게 경계선을 침범당하는 사회구조에서 자신의 기준을 세우고 경계선을 주장할 수 있으려면, 어릴 때부터 가정에서 하는 경계선 존중 교육이 무엇보다 중요하다.

잠자는 것, 집에서 옷 입는 것, 샤워하는 것 등 사소하다고 생각되지만 경계선 교육은 가정에서 경험하는 일상에서 꾸준히 이루어져야 한다. 그렇게 자신의 경계선을 명확히 알고 있어야 침범당했을 때 인지하고 도움을 요청할 수 있다.

집에서 옷 벗고 다니는 게 어떤 영향을 주나요?

"8세 딸과 9세 아들을 키우고 있습니다. 저희 집은 샤워하고 옷을 다 벗고 나오는 게 자연스럽고 평소에도 팬티만 입고 있는 게 일상입니다. 어느 교육에서 들었는데 집에서 옷을 벗고 다니면 자연스럽게 성교육이 돼서 좋다고 하던데 언제까지 괜찮은 건가요?"

강의를 다니다 보면 굉장히 자주 받는 질문들이 있는데, 그중 하나가 집에서의 옷차림이다. 연관되어 의외로 자주 듣는 이야기가 집에서 평소에 옷을 벗고 다니는 걸 혼내기보다 자연스럽게 두면 일상에서 성교육 효과가 있다는 것이다. 어디까지 믿어야 하고 어디까지 농담으로 들어야 할지 혼란스러울 지경이다.

살신성인의 정신은 굳이 갖지 않아도 된다

집에서 옷 벗고 다니는 것이 자연스러운 성교육이 되느냐 하는 질문에 나는 이렇게 대답한다.

"그 정도로 내 한몸 희생해서 아이의 성교육을 위해 살신성인하지 않아도 됩니다. 요즘엔 책이나 매체가 워낙 잘되어 있잖아요."

이 대답에 양육자들은 크게 웃는다. 아이의 성교육을 위해서라면 가족들이 집 안에서 옷을 벗고 돌아다니는 것보다 옷을 갖춰 입는 법을 알려주는 것이 더 나은 방향이다(몸을 보여주면서 성교육을 한다는 것에는 여전히 동의할 수 없지만). 예전에는 성교육에 관한 책이나 매체가 발달되지 않았기 때문에 기껏해야 어릴 때 가족들의 몸을 보며 여자와 남자의 몸을 어렴풋이 알고 그마저도 조금 크면 옷을 입고 숨기는 분위기에 익숙해져 생활 속에서도 학교에서도 몸에 대해 잘 배우지 못했다.

그러나 지금은 실제 몸과 똑같은 그림과 교구(학습을 위한 도구)들을 구하는 게 너무 쉽기 때문에 성교육을 위해 굳이 몸을 보여줄 필요가 없다. 오히려 집에서 아무렇게나 옷을 벗고 다니는 것이 아이들에게 별 문제의식 없이 느껴지게 된다면 나중에 커서도 자녀가 옷을 안 입는 것 때문에 고민하게 될 것이다.

실제로 여자 중학생을 대상으로 소그룹 성교육을 진행했을 때 한 아이가 "선생님, 저는 남자에 대한 환상이 없어요. 우리 오빠는 스무 살인데 샤워하고 나오면 팬티도 안 입고 벌거벗은 채로 집안을 왔다 갔다 하거든요. 남자들은 다 그렇게 개념이 없는 건지, 징그럽고 더러워요"라고 말한 적이 있다. 아이들 교육이 끝나고 양육자 피드백 시간에 그 아이의 어머니에게 아들 교육과 지도가 반드시 필요하다고 몇 번을 강조했는지 모른다.

옷차림은 매너의 관점에서 교육하자

옷차림은 굳이 성교육과 연결시키지 않아도 된다. 스스로 옷을 입을 수 있는 나이가 되면 가족들 앞에서도 옷을 갖춰 입는 매너 교육을 시키면 된다. 옷 입는 게 불편하다고 해서 다른 사람들과 함께 있는 자리에 옷을 벗고 나가지는 않는다. 불편할 수는 있지만 그래도 우리가 갖춰야 할 예의라는 게 있는 것이다. 가정에서는 그런 측면에서 옷 입는 교육을 하면 된다. 꼭 갖춰 입을 필요는 없지만 최소한 가릴 곳은 가려 서로 민망하지 않게 하자는 것이다.

집에서 옷을 벗고 다니는 아이들을 보면 꽤 많은 비율로 양육자가 옷을 벗고 생활하는 것에 익숙해져 있다. 엄마는 입고 다녀도 아빠는 팬티만 입고 다니는 집도 굉장히 많다. 유치원이나 어린이집, 초등학교에 가면 아빠의 자유로운 옷차림에 대해 이야기하는 아이들도 꽤 많다. 그러니 양육자부터 노력해야 한다.

집에서 옷을 입고 있는 것은 나의 몸은 소중하니 보호해줘야 한다는 것과 다른 사람을 존중하는 마음으로 내가 조금 불편하더라도 옷을 입는다는 의미를 지니고 있다. 아이가 옷을 입기 싫어한다면 왜 입기 싫은지 충분히 이야기를 나눠본 후 팬티부터 시도해보는 것이 좋다. 혹시 옷의 디자인이나 재질 때문에 불편한 곳이 있는지 살펴볼 필요도 있다. 만약 온 가족이 타잔 스타일이라면 가족 잠옷을 사서 가족 간의 추억을 만들어보는 것도 도움이 될 수 있다.

적나라한 성교육 그림들, 괜찮을까요?

"아이들에게 성교육을 하려고 책을 샀다가 깜짝 놀랐습니다. 내용도 내용이지만 그림이 너무 적나라하더라고요. 그런 그림과 책들이 아이들한테 너무 자극을 주는 건 아닐까요?"

아이와 함께 볼 수 있는 책 추천을 위해 시중에 나와 있는 책을 권하면 염려하는 양육자들이 많다. 과연 아이들 눈에 자극이 되는 것과 그렇지 않은 것의 기준은 어떻게 나누어야 하는 것일까?

아이의 눈으로 보는 게 포인트

얼마 전 우리나라 전체가 한 권의 성교육 그림책으로 인해 뜨거운 토론의 장이 된 적이 있다. 아직도 명확한 답을 얻지 못한 채 그 책은 여성가족부가 선정한 '나다움어린이책' 도서에서 제외되었지만, 그 책이 유명해진 이유 중 하나는 적나라한 그림 때문이었다. 남녀의 벗은 몸과 성관계를 하는 장면이 정확하게 묘사되어 있었기 때문이다.

여기서 중요한 것은 이 책의 그림들을 아이들은 어떻게 보는

가 하는 것이다. 아이들 눈에도 그림들이 자극적이고 불편할까? 그림들을 보면서 불편한 사람은 아이들인가, 어른들인가? 어쩌면 어른의 입장에서 불편한 마음이 있기 때문에 아이도 그럴 것이라고 생각하는 것일지도 모른다.

아이들은 있는 그대로 이해한다

아이들에게 우리 몸과 성관계에 대해 설명해주고 그림을 보여줬을 때, 나이가 어릴수록 특별한 반응이 없다. 어른들이 걱정하는 그 '충격' 또는 '자극'이라는 것이 성립되지 않는 경우가 훨씬 많다는 뜻이다. 아이들은 설명해주면 설명해주는 대로 있는 그대로 받아들인다. 아이들이 우리 몸이나 성관계에 대해서 설명했을 때 부끄러워하거나 불편해하는 경우는 이미 그런 것들이 알아서는 안 되는 것이라고 인지하기 시작할 때부터다.

성에 대한 이런 태도는 100퍼센트 양육자나 함께 지내는 어른들에 의해 형성된 것이다. 예상외로 아이들은 우리 몸을 소중한 존재로 인식하고 있는 그대로 받아들일 수 있지만, 양육자의 무지와 기우로 인해 지레 조심시키고 숨기고 부끄러워하는 분위기를 경험하면서 우리 몸 또는 성은 편하게 말할 수 없는 것이라는 인식을 갖게 된다는 것이다.

무엇을 가르쳐줄 것인가

아이들에게 성교육을 한다는 것은 우리는 어떻게 태어났는지, 우리 몸은 어떻게 생겼는지, 몸을 어떻게 다루어야 하는지, 자신과 타인을 왜 존중해야 하는지, 어떻게 존중할 수 있는지 등을 알려주는 것이다. 아울러 자신의 몸과 자기 존재를 사랑하고 존중하면서 타인도 사랑하고 존중하는 방법을 알려주는 것이다.

그런데 그 기본적인 앎을 제공해주지 않는다면 제대로 된 성교육이 될 리가 없다. 우리가 아이들에게 알려주려는 본질을 잊지 말아야 한다. 그리고 그 본질이 오염되지 않게 실존하는 그대로의 것으로 전달하는 게 양육자와 어른들의 역할이다. 특히 딸들은 신체구조상 일상에서도 자신의 생식기를 제대로 볼 수 없다. 그렇기 때문에 어떻게 생긴지도 모르고 절대 봐서도 안 되고 만지면 큰일 나는 신체 부위가 아니라 어떻게 보호하고 관리해야 하는지를 알려주는 것이 중요하다.

익숙하지 않아서 불편할 수도 있다

성에 대해 어떻게 아이에게 알려줘야 할지 막막한 양육자라면 그림책이 도움이 될 수 있다. 양육자 입장에서는 처음에 그림을 접하면 다소 불편한 마음이 들 수도 있지만 그건 익숙하지 않고 교육받지 않아서 느끼는 감정일 가능성이 더 크다. 먼저 아이에게 보여주기 전에 양육자가 아이의 성교육 그림책을 보며 익숙해지는 시간을 갖도록 하자. 익숙해질수록 우리 몸을 그려놓은 책을 보고 불순한 생각이 드는 것이 아이의 문제인지 어른의 문제인지에 대한 고민을 피할 수 없을 것이다.

아기가 어떻게 생기는지 궁금해해요

"8세 아이인데, 아기가 어떻게 생기는지 궁금해해요. 그냥 엄마, 아빠가 사랑하면 생긴다고 했는데 설명이 부족한가요?"

아이들에게 성정체성이 생기고 아이들이 자신의 존재에 대해 궁금해하면서 아기는 어떻게 태어나는지, 아기는 어디로 나오는지에 대해 질문을 하는 경우가 있다.

양육자부터 설명할 준비가 되어 있어야 한다

준비되지 않은 양육자는 대부분 아이의 질문에 굉장히 당황스러워하면서 이상한 말로 둘러대거나 장난 식으로 넘기기도 하며 간혹 아이를 다그치거나 다른 것으로 화제를 돌리면서 아이를 당황스럽게 하는 경우도 있다. 예를 들어 "엄마, 아빠 아기는 어떻게 생겨?"라는 질문에 다음과 같이 대답하는 것이다.

• "응? 아, 아기는 다리 밑에서 주워오는 거야."

- "아기는 새가 물어다 주는 거야."
- "엄마, 아빠가 간절히 기도해서 하나님이 보내주신 거야."
- "(웃음) 크면 알게 돼~"
- "아직 몰라도 돼~ (웃음)"
- "너 손 씻었어? 빨리 가서 손 씻어!"
- "너 학습지 했어? 쓸데없는 소리 하지 말고 가서 빨리 숙제해!"

대략 4세 이상이 되면 할 수 있는 질문이기 때문에 양육자는 이를 예측하고 그 전에 공부하고 준비하는 것이 좋다. 왜냐하면 아이들이 성에 대해 질문할 때 보이는 양육자의 반응과 태도가 정답을 알려주는 것보다 더 중요하기 때문이다.

연령에 맞게 있는 그대로 설명해주자

4~5세 때는 많은 양육자들이 쓰는 방법으로 설명해줘도 충분하다.

"엄마의 아기씨와 아빠의 아기씨가 만나서 아기가 생기는 거야. 엄마의 아기씨는 엄마 몸에 있는데 움직일 수 없어서 기다리고, 아빠의 아기씨는 아빠의 몸에 있지만 움직일 수 있기 때문에 엄마의 아기씨에게로 와서 만나게 돼."

이 정도 설명했을 때 추가 질문을 하는 경우도 있지만 대부분 이야기해준 만큼 받아들인다. 그림책을 이용하면 더 쉽게 설명할 수 있고, 아이들도 말보다는 시각적 자료를 더 선호한다.

6~7세 때는 아이들이 기억하지 못하더라도 비교적 정확한 단어를 사용하며 설명해주는 것이 좋다.

"엄마의 아기씨와 아빠의 아기씨가 만나서 아기가 생기는 거야. 엄마의 아기씨는 달걀처럼 생겨서 난자라고 부르고 아빠의 아기씨는 정자라고 부르고 올챙이처럼 생겼어. 난자와 정자가 만나서 아기가 생기는데, 정자가 난자에게로 헤엄쳐서 가는 거지. 정자는 아빠의 음경을 통해서 밖으로 나오고 난자는 엄마의 음순을 통해서 들어가면 만날 수 있어. 그러니까 아기는 아빠의 음경과 엄마의 음순이 만나야 생길 수 있어."

4~5세와 비슷한 맥락이지만 정확한 용어가 들어가고 좀 더 세부적으로 설명한다. 아이들이 기억하지 못해도 괜찮다. 사실 음경과 음순 같은 단어들은 아직도 일상에서 낯선 단어이기 때문에 아이들에게 어려운 단어일 수 있다. 정자와 난자라는 이름 또한 기억하지 못해도 다음에 다시 설명해주면 되므로 아이가 외우게 하기 위해 교육적으로 신경 써서 말하지 않아도 된다.

8~9세 정도가 된다면 아이들에게 좀 더 설명해주어도 된다. 그러나 이 부분에서 어떻게, 얼마나 더 설명해주어야 할지 난감해하는 양육자들이 있다. 꽤 과학적인 설명을 해주면 양육자가 난감한 마음 없이 아이에게 알려줄 수 있다. 있는 그대로 설명해주면 된다는 뜻이다.

"아기는 정자와 난자가 만나야 생길 수 있어. 정자는 아빠의 몸속에 있고 난자는 엄마의 몸속에 있어. 난자는 움직일 수 없기 때문에 엄마의 몸속에서 정자를 기다리고 있고, 정자는 헤엄칠 수 있기 때문에 난자를 찾아가는데, 정자는 아빠의 음경을 통해서 밖으로 나오고 난자는 엄마의 음순을 통해서 들어가면 만날 수 있어. 이때 중요한 건 정자는 공기를 만나면 죽기 때문에 공기를 만나지 않고 바로 난자에게로 가야 한다는 거야. 그러니까 아기는 아빠의 음경과 엄마의 음순이 직접 만나야 생길 수 있어."

만약 아이의 연령이 더 높아지거나, 아이가 성에 대해 일상에서 많이 공부하고 교육받고 있다면 엄마의 아기씨는 엄마 배꼽 안에 있는 포궁(자궁)이라는 곳에 있고, 아빠의 아기씨는 소변보는 곳 밑에 있는 고환이라는 곳에 있다는 것도 이야기해줄 수 있다. 이 연령대에는 가끔 더 자세히 물어보는 아이들도 있다. 그럴 때는 함께 그림책을 찾아보거나 인터넷을 찾아보며 공부하는 것도 좋은 방법이다. 단, 인터넷 사용 시에는 노출되면 안 되거나 잘못된 정보도 있으니 반드시 양육자가 사전에 확인하고 찾는 과정을 함께 해주어야 한다.

정답보다는 태도가 중요하다

아이를 키우면서 아이가 성에 관해 질문할 때는 어떻게 이야기해줘야 할지 모를 때에도 웃으면서 반응만 잘 해주면 베스트 대처법이 될 수 있다. 아이가 성 질문을 한다는 것은 큰일난 일이 아니라 건강하게 잘 성장하고 있다는 신호다. 말을 못하던 아이가 첫 단어를 말했을 때처럼 기쁜 마음으로 아이의 성장에 반응해주면 된다. 이때는 당황하는 마음보다는 아이를 기특하게 바라보며 미소로 반응하는 것이 중요하다. "우리 ○○가 그게 궁금했구나~ 아빠(엄마)가 알려줄게~" 혹은 "아빠(엄마)도 잘 모르겠는데 같이 책에서 찾아볼까?" 정도면 아주 훌륭하다. 이 연습만 잘해도 가정에서 아이 성교육은 거의 성공이라고 볼 수 있다.

아기가 어떻게 생기는지 묻는다는 것은 자신의 존재를 확인받고자 하는 것이고 그것이 곧 아이의 자존감과도 연결될 수 있기 때문에 긍정적이고 편안한 분위기에서 자연스럽게 대화를 이어나가는 것이 좋다. 아이에게 기본 설명이 충분히 되었고 조금 더 이야기를 이어나갈 수 있다면, 의사 선생님의 도움을 받는 인공수정이나 시험관 아기 그리고 다른 사람의 정자와 난자가 만나 태어난 아기를 입양해 가족으로 맞이하게 되는 경우도 말해줄 수 있다. 아이가 가족과 탄생에 대해 폭넓게 이해할 수 있도록 해주자.

추가로 딸에게 아기가 생기는 과정에 대해 알려주면서 난자 또는 엄마를 지나치게 수동적인 존재로 표현하지 않는 것, 그리고 아기를 가지는 과정이 여성 모두에게 필수가 아니라 본인이 원할 때 주체적으로 결정할 수 있다는 것까지 포함하여 잘 전달하면 좋다.

아기가 나올 때 아프냐고 물어본다면

어릴 때는 아기를 다리에서 주워오거나 배로 나온다고 알고 있고 심지어 똥꼬로 나온다고 대답하는 아이도 있다. 질을 통해 아기가 나온다는 사실을 알고 나서 '그 작은 곳에서 아기가 나오다니!'라는 생각이 들고 이어서 '아프겠다'로 자연스럽게 연결될 수 있다.

실제로 출산을 할 때의 고통은 말로 표현할 수 없는 고통이라고 한다. 말로 표현할 수 없다는 게, 아프다는 의미도 있지만 한 번도 경험해보지 않았기 때문이기도 할 것이다. 그러나 출산을 해본 엄마들에게 출산에 대해 물어보면 출산의 고통보다는 처음 아기를 만났던 순간을 먼저 떠올린다. 그것은 고통도 분명 존재하지만 그 고통보다 더 강한 감동과 행복을 느꼈다는 것이라고도 볼 수 있다. 출산의 고통에는 그것을 덮을 만한 말로 표현할 수 없는 감동과 행복함이 있다. 그리고 대부분의 엄마들은 출산을 할 때 느끼는 통증보다 아이의 소중함에 더 집중한다. 출산 후 의료진이 뒤처리를 하는 중에도 아기에게만 집중하며 미소를 띠는 엄마들을 보면 무슨 뜻인지 이해가 될 것이다.

출산은 엄마와 아기가 함께 만드는 기적

출산을 할 때 엄마는 그때의 고통을 기억하지만 아기는 말로 표현할 수 없어 말을 하지 못할 뿐, 꽤 힘이 든다. 아기는 스스로 자기가 나올 시기를 알아야 하고, 똑바로 누워 있던 자세를 그 좁은 곳에서 거꾸로 돌려야 한다.

그리고 엄마에게 신호를 보내야 하고, 엄마의 몸이 준비될 때까지 기다렸다가 준비가 되면 비로소 나오기 시작한다. 엄마의 좁은 골반을 통과하기 위해 온 힘을 주면서 밖으로 나온다. 바닥을 향하게 머리가 나오면 아기 스스로 방향을 돌려 어깨와 몸을 좁혀서 전체가 밖으로 나오게 된다. 이 과정에서 아기는 세상으로 나오려는 의지 하나로, 엄마는 아기를 덜 힘들게 해주려는 마음 하나로 서로 힘을 합쳐 결국 만나게 되는 것이다.

출산은 고통이 전부가 아니라 아기와 엄마가 함께 힘을 합쳐 이뤄내는 기적이다. 따라서 출산은 고통의 상징이 아니라 아기를 만나는 기적이라고 생각하고 이런 부분을 아이에게 알려주면 좋겠다.

통증을 줄일 수 있는 건강관리법

평소에 조금씩 운동을 하고 임신을 해서도 가벼운 운동을 하는 것이 출산 시 통증 완화와 원활한 출산에 도움이 된다고 한다. 또, 월경통이 심하거나 생식기 건강이 좋지 않은 사람들은 어릴 때부터 생식기 건강을 위해 노력해야 한다. 인스턴트 음식 먹지 않기, 몸 따뜻하게 하기, 적당한 운동, 스트레스 관리, 위생 관리는 모두 생식기 관리를 위해 반드시 필요하다. 이런 습관들이 모여 건강한 출산을 할 수 있도록 돕는 것이다.

임신이 필수는 아니지만, 언젠가 하게 될 수도 있는 출산의 고통을 줄이고 건강한 임신과 출산을 하기 위해 전반적인 건강관리법을 아이에게 알려줄 필요가 있다.

옷 벗고 몸을 만지며 놀았다는 아이들

"7세 딸과 8세 아들이 서로 옷 벗고 몸을 만지면서 놀았다고 합니다. 하늘이 무너집니다. 어떻게 교육시켜야 할까요?"

남매를 키우는 양육자에게 받은 질문이다. 꼭 남매가 아니더라도 이성의 친구가 놀러 오거나 사촌끼리 적지 않게 일어날 수 있는 일이기도 하다.

빠르게 상황을 판단하라

아이들끼리 서로 옷을 벗고 몸을 만지며 놀았다는 것을 알게 되었을 때 가장 먼저 해야 할 일은 상황을 판단하는 일이다. 이것이 성적 놀이인지 폭력인지 추측해볼 수 있는 가장 중요한 순간이다. 이 단계가 잘못되면 아이들은 그냥 놀이라고 했는데 폭력 사건으로 처리되기도 하고, 폭력이지만 단순히 놀이로 인식하여 다음에 더 심각한 상황이 생길 수도 있게 된다.

어느 정도 상황인지, 처음인지, 놀이를 했던 아이들 중에 누군가 기분 나빠하거나 숨기고 싶어 하는지 등 여러 가지를 고려하고 판단해야 한다. 이때 조심해야 하는 건, 어떤 상황이든 아이를 다그치거나 혼내서는 안 된다는 것이다. 진심으로 궁금해서 물어보는 태도로 부드럽고 온화하게 질문해야 한다.

상황에 맞게 대처하라

특이한 점 없이 병원 놀이나 소꿉놀이를 하면서 탈의한 것이라 판단이 된다면 심하게 혼내기보다는 놀이 지도를 해주는 게 필요하다. 놀이를 할 때 지켜야 할 규칙이 있고 우리는 언제나 서로를 소중하게 대하고 서로의 몸을 함부로 만지거나 볼 수 없다는 것에 대해 알려줘야 한다.

만약 누군가 불쾌해하거나 약간의 실랑이를 하면서 옷을 벗기거나 벗었다면, 혹은 처음이 아니라 반복된 상황이라면, 혹은 여러 명이 한 명의 옷을 벗겼다면, 병원 놀이나 소꿉놀이가 아니라 호기심에 옷을 벗기거나 벗은 거라면, 이런 상황들에 대해서는 좀 더 단호한 태도로 이것이 폭력이 될 수 있음을 알려줘야 한다. 안 되는 건 안 되는 거라고 알려주는 것이 반드시 필요하다.

혼내는 게 아니라 단호하게

성과 관련된 상황에서는 혼내는 것이 최악의 대처법이다. 혼이 났다는 감정을 느끼게 하는 것보다는 무엇이 잘못되었고 무엇을 하지 않아야 하는지를 이해시키는 것이 중요하다. 아이들은 그 당시에는 아무런 생각이 안 들다가 시간이 지나서 그렇게 놀았던 것에 대해서 수치심이나 후회를 느끼게 될 수도 있는데, 무엇이 잘못되었는지는 이해하지 못한 채 부정적 감정만 경험하게 된다면 이것은 아이에게 안 좋은 영향을 미칠 수 있다.

특히 아기 때부터 아들들은 기저귀를 벗고도 자연스럽게 다니지만, 딸들은 꽁꽁 싸매주고 가려준다. 그렇기 때문에 똑같이 옷을 벗고 놀이를 했어도 여자아이들이 성적 수치심을 느낄 가능성이 더 많다. 그러니 혼내거나 다그치는 양육자의 반응은 딸에게 더 큰 수치심이나 심지어 죄책감까지도 갖게 할 수 있다. 그러니 놀이의 규칙과 존중의 태도를 알려주는 것이 주목적임을 기억하면서 단호하지만 부드럽게 이야기하는 것이 좋다.

발달과정에 맞춰 관심 가지기

5~8세 정도까지는 성적 놀이(병원 놀이나 소꿉놀이를 하며 옷을 벗거나 스킨십을 하는 놀이)를 할 수 있는 연령대이기 때문에 아이들이 이런 유의 놀이를 할 때는 특히나 더 양육자의 시야 확보가 되는 곳에서 놀 수 있도록 하자. 그 외의 놀이도 아이의 태도나 아이들의 안전을 위해서 보이는 곳에서 놀도록 하는 것이 좋다.

과하게 씩씩한 딸, 걱정해야 할까요?

"우리 딸은 이제 3학년이 되는데 털털함을 넘어서 남자처럼
행동하고 다녀요. 이제 곧 2차성징이 나타날 텐데 조심성이
없어서 걱정입니다."

우리는 일상에서 아
주 자연스럽게 '여성스럽다', '남성스럽다'라는 표현을 쓴다. 그런
데 여성스러움과 남성스러움의 기준은 무엇이며 어디에서, 어떻
게, 언제부터 정해진 것일까?

여성스러움과 남성스러움은 없다

각 사회와 문화마다 여성과 남성에게 요구하는 성역할이라는
것이 있다. 그것을 젠더(Gender)라고 하는데, 사회는 그런 성역할
에 잘 부합하는 사람을 선호하고, 그 기준에 여성과 남성을 맞추
려는 경향이 있다. 때로는 그 기준에 맞지 않는 사람을 평가하고
비난하기도 한다. 그런데 많은 학자가 '젠더'라는 개념은 없다고
이야기한다. 애초에 남자다움과 여자다움은 없었다는 것이다.

딸에게 여자라는 이유로 한계를 설정하지 말자

우리는 종종 '과하게 씩씩한 딸'이라는 표현을 쓴다. 이 표현은 어쩌면 딸이 사회에서 보편적으로 요구하는 여성다움에서 벗어나는 행동이나 성향을 주로 하는 아이라는 뜻이 될 수 있다. 그렇다면 사회에서 보편적으로 요구하는 여성다움은 누가 정한 걸까? 이미 정해진 것은 어쩔 수 없다고 해도, 사람들이 모두 그 틀 안에 꼭 들어가야만 할까?

어떤 틀이 있고 그 틀 안에 들어가야 한다면 당연히 우리는 그 틀만큼만 성장할 수 있다. 딸을 여성스러움이라는 틀에 가둔다면 여성스러운 역할만 충실히 이행할 수밖에 없게 된다. 즉, 한계가 많아질 수밖에 없다는 뜻이다.

신경정신과나 임상심리 전문가들이 사용하는 심리검사 중 하나인 미네소타 다면적 인성검사(MMPI-2)에서는 여성성과 남성성이라는 척도가 있다. 이 척도에서 여성성은 수동적, 의존적, 복종적, 순종적, 유순, 자기비하의 특징을 나타내고, 남성성은 능동적, 높은 인내심, 성취 지향, 공격적인 특징을 나타낸다고 한다. MMPI-2에서 말하는 여성성과 남성성의 특징을 봤을 때 어떤 느낌이 드는가? 최근 이 검사의 해당 척도는 시대 흐름을 반영하지 못해 문제 제기가 되고 있는 척도이다.

혹시 우리가 생각하는 보편적인 여성성과 남성성이라는 것이 저런 느낌을 닮아 있지는 않은지 고민해봐야 한다. 여성인 내 딸이 과하게 씩씩하기보다는 차분하게 앉아서 조용한 놀이를 하는 모습을 기대하고 있지는 않았는지 생각해볼 필요가 있다.

이제 사회는 변하고 관점도 변하고 있다

돈만 잘 벌어다주는 아빠, 집안 살림을 잘하는 엄마만이 존재했던 세상에서 이제는 사회적 경력을 쌓는 일도, 경제적인 능력도, 집안일과 양육도 남녀 모두가 같이하는 사회로 바뀌고 있다. 남성과 여성의 틀에서 벗어나 여러 역할에서 자유롭고 자신의 한계를 넘어서고자 노력하는 사람이 모든 면에서 유리한 세상이 되고 있다.

벌써부터 양육자가 사회에서 요구하는 여성의 틀에 딸을 넣지 않아도 사회에 나가면 그 틀에 들어가라고 강요하는 사람이 아주 많아진다. 그때 아이가 자신을 잃지 않도록, 사회에서 요구하는 여성성보다는 아이가 가지고 있는 자신만의 고유한 색깔을 존중하고 지켜주어야 한다. 있는 그대로의 모습을 인정하고 사랑해주면 우리 딸이 여자로서 세상을 살아가는 데 느낄 수 있는 한계는 점점 줄어들 것이다. 여자로서만이 아니라 한 인간으로 살아갈 수 있게 될 것이다. 과하게 씩씩한 여자아이라도 괜찮다. 어떤 모습이든 우리 아이는 세상에서 가장 사랑스러운 아이다. 있는 그대로 우리 딸은 충분한 존재라는, 마음 깊은 곳에 있는 진리를 다시 한번 되새기길 바란다.

아이가 자꾸 자신의 몸을 보여주려고 해요

"7세 딸이 자꾸 자신의 몸을 보여주려고 합니다. 얼마 전에는 같은 반 남자아이와 화장실에서 서로 보여주기 놀이를 했다는데 어떻게 교육해야 할까요?

간혹 보여주기 놀이를 했다는 아이 때문에 고민을 하는 양육자를 만나게 된다. 아이가 스스로 자신의 몸을 다른 사람에게 보여줬다는 사실을 알았을 때 일단 놀라거나 당황스러운 감정을 추스르는 것이 양육자가 첫 번째 할 일이다.

훈육 태도가 중요하다

어떤 일이 발생했을 때 당황스럽고 상황 파악을 빨리 하고자 하는 마음에 아이에게 왜 그러는지부터 다짜고짜 묻는 양육자가 많다. 그럴 때 아이는 그 상황을 어른들처럼 논리적으로 설명하지 못하고, 그러다 보면 엄마, 아빠가 자신을 다그치고 또 그 행동으로 인해 혼났다는 느낌만 가지게 될 가능성이 높다. 그리고 대부분의 양육자가 훈육을 핑계로 아이에게 수치심을 느끼게 할 수 있는데, 그런 양육자의 태도로 인해 아이가 놀이로 생각하고 했던 행동에 대해 강한 수치심을 느끼게 되어 평생 친구 앞에서 옷을 벗은 부끄러운 행동을 한 아이로 스스로를 낙인찍고 살아 갈 수도 있다(표현이 다소 극단적이지만 어릴 때의 성적 행동에 대한 수치심 은 보통 스스로의 가치를 떨어뜨려 생각하는 형태로 나타난다). 그렇기 때문 에 어떤 일이 발생했을 때 양육자가 감정을 추스르고 상황과 본 인의 감정을 분리시켜 담담하게 반응하는 것이 필요하다.

아이가 부적절한 행동을 했을 때 훈육 방식이 너무 가벼우면 행동 수정이 되지 않고 아이가 더 몰래 그 행동을 할 가능성이 있다. 양육자의 훈육이 아이에게 또 다른 자극이 되는 셈이다. 그렇다고 훈육이 너무 부정적으로 흘러간다면 아이는 성에 대해 부정적인 인식을 갖게 될 수 있다. 그렇기 때문에 훈육은 부드럽 지만 단호하게 해야 한다.

아이의 행동을 이해하고 교육하기

아이가 몸을 보여주려는 행동은 호기심에, 혹은 진심으로 놀 이라고 생각해서 그럴 수도 있다. 남자와 여자가 다르게 생겼다 는 것을 알게 된 후에 어떤 아이들은 그 다름을 직접 눈으로 보 고 싶어 한다.

아이가 남녀의 다른 점을 인식하며 질문이 많아지면 양육자 들은 행동이나 옷차림을 신경 쓰기 시작하고 집에서도 아이에게 행동을 조심시키게 된다. 이로 인해 아이가 자신의 몸과 남자의 몸에 대한 궁금증을 해소할 수 있는 루트도 점점 줄어들게 된다. 이런 시기에 궁금증이 폭발하는 아이는 직접 친구의 몸을 보고 자신의 몸을 보여주면서 궁금증을 해소하고 싶어 하기도 한다.

이런 일을 예방하기 위해서 아이의 궁금증이 충분히 해소될 때까지 그림책과 동화책을 이용해 성교육을 시켜줘야 하고, 이런 행동을 했을 때에는 궁금하다고 해서 다른 사람의 몸을 보거나 자신의 몸을 보여주면 안 된다는 것을 알려줘야 한다.

다른 경우는 놀이라고 생각하는 경우인데, 친구와 소꿉놀이를 하다가 엄마, 아빠처럼 서로 옷을 벗고 누워 있는 장면을 따라 하거나 서로의 몸을 보여주는 놀이를 하며 우정을 다지기(?)도 한다. 이런 경우는 놀이를 할 때 지켜야 할 예의나 하지 말아야 할 적정선을 알려주고, 자신의 몸을 소중하게 생각하는 것이 무엇인지 알려줘야 한다. 또한 아이가 혹시라도 부부의 성관계 장면에 노출되었을 가능성도 체크해봐야 한다.

간혹 본인이 원해서가 아니라 친구가 보여달라고 끈질기게 요청해서 보여주는 경우도 있다. 이런 경우는 아이가 느끼는 정도에 따라서 폭력 상황이라고 판단될 수도 있으니 아이의 마음을 더 세심하게 살펴봐야 한다.

이유와 대체 방안 제시하기

아이는 어른처럼 스스로 해답을 찾을 수 없는 경우가 많고, 왜 그 행동이 잘못되었는지 알지 못하는 경우가 많기 때문에 아이의 잘못된 행동을 수정하고자 할 때는 아이가 납득할 만한 이유를 반드시 알려줘야 한다.

아이에게 설명할 때는 "○○야, 친구랑 재미있는 놀이를 하고 싶어서 그렇게 했구나. 그런데 친구들과 놀 때도 지켜야 하는 게 있어. 너의 몸은 소중하지? 그럼 친구의 몸도 똑같이 소중해. 그렇기 때문에 함부로 보여주거나 보여달라고 해서는 안 되는 거야. 네가 몸을 보여주지 않아도 친구랑 재미있게 놀 수 있는 방법은 엄청 많아~ 옷을 벗고 몸을 보여주면서 노는 방법은 기분 좋은 놀이가 아니라 친구가 너무 부끄러워서 기분이 나빠질 수도 있어. 그러니까 친구랑 같이 기분 좋은 재미있는 놀이를 찾는 게 좋겠지? 어떤 놀이를 하면 재미있을까?"라고 새로운 대안을 함께 찾는 것이 방법이 될 수 있다.

남자를 너무 싫어하는 딸, 어떡하죠?

"2학년 딸이 남자를 너무 싫어합니다. 나중에 연애도 결혼도
못하는 건 아닌가 걱정입니다."

양육자 교육을 나가
면 보통 아이의 연애는 최대한 늦었으면 하는 양육자들이 많지
만, 반대로 남자아이들을 싫어하는 딸이 어쩔 땐 과하다고 느껴
질 정도라서 상담을 요청하는 양육자들도 있다.

원인을 찾아보자

이럴 때는 아이가 언제부터 남자를 싫어하게 되었는지 생각
해보는 것이 필요하다. 아이가 어릴 때부터 여성에게 호감을 가
지고 많이 따랐는지, 언제부터 남자를 피하거나 싫어하게 됐는
지 찾다 보면, 어떤 포인트를 찾게 될 수도 있다. 혹은 발달과정
상의 특성이거나 가족, 특히 양육자의 영향일 수도 있다. 여러
가지 가능성과 연결고리들을 찾는 것이 해결의 실마리가 된다.

아이의 발달과정을 이해하라

특별한 계기가 없다면 아이의 발달과정을 이해할 필요가 있다. 아이가 태어나 3세 정도까지는 남녀의 차이를 크게 인지하지 못하고, 4세경부터 성정체성이 발달하면서 남성과 여성의 특징에 대해 궁금해하고 알게 된다. 이때부터 양육자가 본인이 생각하는 남성과 여성의 특징을 설명하게 되고 아이가 그렇게 행동하고 생각하길 바라는 경향이 갖게 된다.

6~9세까지는 매우 심하게 남성과 여성을 구분하며, 10~12세에는 성역할에 대한 융통성이 생기다가 사춘기가 시작되면서 '성역할 고정관념'이라는 것을 가지게 된다. 이 과정에서 양육자가 얼마나 아이에게 성역할을 융통성 있게 설명하고 일상에서 보여줬는지에 따라서 그 후 아이가 성역할에 융통성을 가지고 살아갈지 고정관념을 가지고 살아갈지가 결정되는 것이다.

가족의 영향이 있는지 확인하라

아이가 성역할을 강하게 구분하고 이성에 대한 비호감을 표현할 때는 평소 가족들의 일상을 고민해봐야 한다. 가정 내 남성과 여성의 비율, 각 성별의 역할 분담, 딸아이를 대하는 방식 등이 아이가 가지고 있는 성별에 대한 생각과 느낌에 영향을 많이 준다.

교육을 갔을 때 남자가 싫다고 이야기하는 아이를 만난 적이 있다. 남자가 왜 싫은지 물어봤더니 남자는 늘 여자를 괴롭히고 게으르다고 했다. 좀 더 깊이 탐색해보니 그 아이의 아빠는 굉장히 가부장적이고 집안일을 거의 하지 않아 늘 엄마 혼자 집안일을 하며 힘들어하는 것 같았다. 초등학교 저학년이었지만 그런 모습을 보면서 남자에 대해 비호감을 갖게 되었고, 학교에서 남자아이들의 장난스러운 모습에 비호감은 더 강해진 것이다.

딸이 남자를 동등한 존재로 보는 것 혹은 남자아이들 앞에서 주눅 들지 않고 당당하게 행동하는 것은 양육자의 성평등 수준과 직결된다. 특히 아빠가 딸에게 어떤 태도를 취하는지, 집에서 어느 정도 역할과 의무를 분담하는지, 부부관계가 평등한지, 엄마가 평소 딸에게 아빠 욕을 얼마나 했는지가 엄청난 영향을 미치기 때문에, 아이가 남자를 싫어하는 것에는 아빠의 태도, 엄마의 감정이 중요한 역할을 하게 된다.

누군가를 싫어한다는 것에 대해 대화하라

딸이 남자를 싫어하는 경우 남성과 여성이 크게 다르지 않은, 똑같이 소중하고 유능한 존재임을 일상에서 계속해서 알려줘야 한다. 그러나 이런 상황은 "소중하다고 생각해야 해~" 정도의 교육, 훈육으로 바로 해결되는 것은 아니다. 그렇기 때문에 똑같이 평등하고 소중한 존재라는 것을 알려주는 것과 동시에 누군가를 싫어한다는 것에 대해 충분한 대화를 나누는 것이 필요하다.

누군가를 싫어하는 것이 내 마음의 문제라면 나도 힘들고 그 사람에게도 상처가 될 수 있음을 대화를 통해 이끌어내는 일이 필요하다.

2차 성징, 얼마나 알려줘야 하나요?

"아이가 이번에 초등학교 4학년이 됩니다. 이제 곧 몸이 변할 텐데 2차 성징에 대해 어떻게 이야기를 꺼내는 게 좋을까요? 그리고 어느 선까지 알려줘야 하는 건지 잘 모르겠어요."

자녀 성교육이 중요하고 필요하다는 것은 이제 대부분의 양육자들이 알고 있다. 다만 도대체 그 중요한 성교육을 언제, 어떤 방식으로, 어느 선까지 이야기해야 하는가에 대해 제일 많이 고민스러워한다.

용어는 몰라도, 아이들은 자기 몸의 변화만큼은 알고 있다

'2차 성징'이라는 말을 유아에게 이야기한다면 못 알아듣겠지만, 꼭 그 단어를 쓰지 않아도 유아들은 엄마, 아빠와 내 몸이 다르다는 것쯤은 안다. 중고등학생 언니, 오빠들과 몸이 다르다는 것도 알지만 아이들은 그저 본인에게도 그런 변화가 있을 것이라는 것을 연결 지어 생각하지 못할 뿐이다.

그러나 이렇게 생각하지 못하는 것도 4세 정도가 되어 '성정체성'이라는 것을 획득하게 되면 여자는 엄마처럼, 남자는 아빠

118

처럼 어른이 되면서 몸이 변하게 되고, 본인에게도 그런 변화가 일어난다는 것을 알게 된다. 그러면서 질문이 많아지게 되는 것이다. 아이들이 보는 성교육 동화책에서도 어른이 되면서 변하는 몸에 대해서 나와 있는 것들이 있는데, 그런 매체를 어릴 때부터 자연스럽게 접하게 해주는 것이 좋다.

사춘기가 오기 전, 변화가 일어나기 전에 미리 알려주자

모든 성교육 내용은 경험하기 전에 미리 알려주는 것이 좋다. 미리 알려주면 아이에게 자극이 되지 않을까 걱정하는 양육자도 있지만, 오히려 미리 알려주지 못해 아이가 겪게 되는 혼란이 훨씬 더 안 좋은 영향을 미칠 수 있다는 것은 분명하다. 그럼 언제, 어느 정도 적정선에서 미리 알려줄 수 있을까?

유아가 읽는 성교육 동화책에도 나오는 내용이기 때문에 아이가 성장하면서 그 연령에 맞게 설명해주면 된다. 5~8세 정도의 딸에게는 "너랑 엄마는 같은 여자이지만 몸이 조금 다르게 생겼지? 목소리도 달라. 사람은 어른이 되면서 점점 몸이 변하는 거야. 너는 점점 키도 크고 몸도 커질 거야. 그리고 엄마처럼 점점 찌찌도 나오고 잠지에 털도 나게 돼. 그럼 어떨 거 같아?"라고 구체적이지 않더라도 알려주고 아이의 느낌을 물어보면 된다.

9~10세 정도의 딸에게는 다음과 같이 조금 더 구체적으로 말해주는 게 좋다.

"4~5학년쯤 되면 본격적으로 몸이 변하게 돼. 여자들은 가슴이 조금씩 나오고 겨드랑이랑 생식기에 털이 나기도 해. 그리고 초경이라는 걸 하지. 이때는 너의 몸을 소중히 대하고 잘 관리하는 게 중요해. 사춘기에는 짜증나거나 머리가 혼란스러워지기도 해. 이렇게 너의 몸과 마음이 변하기 시작하는 건, 네가 아주 건강한 어른으로 잘 자라고 있다는 뜻이니까 좋은 신호라고 생각하면 돼. 그리고 고민이나 궁금한 게 있다면 언제든지 이야기할 수 있게 엄마는 너의 변화를 응원하면서 늘 옆에 있을 거야."

11세 정도 되면 초경 교육을 포함해서 아주 구체적으로 2차 성징에 대해 알려주면 된다. 그리고 응원하는 마음과 늘 옆에서 함께 하겠다는 신뢰의 마음을 듬뿍 표현해주면 된다.

2차 성징에 대해 이야기할 때 꼭 지켜야 할 것

여자아이들을 키우는 양육자들은 아이의 몸이 변하면 점점 더 걱정거리가 많아진다. 이 무서운 세상에서 범죄의 타깃이 되지는 않을까, 같은 반 친구들에게 놀림당하지는 않을까, 아이가 어떤 실수를 하지는 않을까 노심초사하는 마음에 "너도 이제 어른이 되어가는 거니까 조심해야 해"라는 메시지를 가장 많이 주게 된다. 또, 초경에 대해서나 여성으로 살아가는 것에 대해서 은연중에 "생리하면 많이 아파. 막 화도 나고 짜증 폭발이야", "너는 엄마처럼 결혼하지 말고 자유롭게 하고 싶은 거 하면서 살아", "남자는 아빠 말고는 다 믿으면 안 돼" 등과 같이 부정적인 메시지를 주는 경우도 있다.

아이들이 경험하는 2차 성징은 말 그대로 아이가 어른으로 건강하게 잘 성장하고 있다는 신호다. 이 신호는 조심해야 할 일도 아니고, 2차 성징으로 인해 아이가 주눅 들거나 자신감을 잃어서도 안 되는 일이다. 특히 여성의 몸을 평가하는 게 만연한 사회에서 여자아이들에게 몸이 변한다고 해서 그 전보다 더 조심해야 한다는 메시지를 심어주는 것은 여성으로 이 사회를 살아갈 아이들에게 또 다른 짐을 지게 하는 것이다. 그리고 자신감마저 잃게 만드는 일이다.

며칠 전 한 어머니께서 "그런데 선생님, 무슨 뜻인지는 알지만 요즘 세상이 무서워서 조심하라는 말을 하지 않을 수가 없어요"라고 질문했다. 조심하지 않아도 된다는 메시지를 주라는 것이 아니다. 조심하라는 메시지도 '다른 사람의 시선' 때문이 아니라 '네 몸의 주인은 너 자신이기 때문에 스스로 몸을 사랑하고 소중히 해야 한다는 관점'을 가지고 이야기해주는 것이 좋다는 것이다. 학교나 사회에서 부정적인 성교육 주제를 많이 다루기 때문에 가정에서만큼은 긍정적인 관점으로 아이에게 알려줬으면 하는 바람이다.

딸에게 2차 성징에 대해 이야기할 때는 다른 사람의 시선에 대해 적절한 처신을 하라는 의미를 빼고, 여성으로서 조금 더 몸가짐을 단정히 하라는 의미를 빼고, 누구보다 자기의 몸을 존중하고 아끼면서 당당하게 사랑할 수 있는 주체적인 여성이 되기를 응원한다는 메시지를 주는 것이 좋다.

생식기에 대해
어떻게 설명해야 할까요?

"아이가 자기 생식기가 어떻게 생겼는지 보고 싶다고 합니다.
어떻게, 뭐라고 설명해줘야 하나요?"

여자들은 어릴 때부터 생식기를 자연스럽게 보면서 자라는 게 아니라 전혀 모르고 있다가 그림책을 통해 보고 놀라거나, 사춘기가 되면서 자기 몸에 변화가 일어나는 시기에 궁금해서 봤다가 당황하기도 한다.

보기 어려운 여성 생식기

여자의 생식기는 남자 생식기처럼 앞으로 나와 있고 소변을 볼 때마다 생식기를 잡거나 볼 수 있는 구조와는 다르다. 여성 생식기는 구조상 안으로 들어가 있고 아래쪽에 위치하기 때문에 보기가 어렵다. 그리고 구조보다 더 중요한 것은 예로부터 여성의 생식기는 당당한 존재가 아니고 숨겨야 하고 보호해야 하고 조심해야 하는 존재라고 여겨졌기 때문에, 자신의 몸이라 할지라도 함부로 만지거나 들여다봐서는 안 되는 곳이었다.

하찮은 곳, 중요하지 않은 곳, 있으면 오히려 욕구가 생기기 때문에 잘라서라도 욕구를 막으려 했던(할레) 그런 존재였다. 아직도 남아있는 여성 생식기에 대한 인식 때문에 여자들은 자신의 몸임에도 불구하고 함부로 만지거나 볼 생각을 못 하는 경우가 많다.

얼굴 보듯이 봐야 하는 곳

생식기는 잘 안 보이는 곳이기 때문에 오히려 평소에 잘 보고 수시로 관찰하여 조금이라도 특이한 점이 발견되면 원인을 찾고 관리해야 하는 곳이기도 하다. 여성이 생식기를 볼 때는 거울을 바닥에 놓고 거울 위에 쪼그려 앉거나, 거울을 세우고 다리를 벌리고 거울 앞에 앉아서 관찰할 수 있다.

볼 때는 손을 깨끗하게 씻고 손톱을 다듬고 보는 것이 좋다. 굉장히 예민하고 약한 곳이기 때문에 씻지 않은 손으로 한 번만 만져도 면역력이 낮은 사람에게는 염증을 유발하는 치명적인 행동이 될 수 있기 때문이다. 또 입안의 살과 비슷하게 굉장히 부드럽고 약한 살성을 가지고 있기 때문에 상처가 쉽게 날 수 있기 때문이다.

생식기도 우리 몸의 일부다. 우리가 얼굴에 신경을 쓰는 것처럼 생식기도 자주 관찰하고 관심을 가져줘야 한다. 생식기를 관찰하는 일은 건강관리의 차원으로 여겨야 한다.

생식기 구조와 명칭

여성의 생식기는 다음 그림처럼 생겼다. 가장 위쪽에 '음핵'이라는 가장 예민한 곳이 있다. 이곳은 남성의 귀두와 같은 부분이라고 생각하면 된다. 음핵이 존재하는 목적은 오직 성적 기쁨이다. 예민한 부위이기 때문에 부딪히거나 다치지 않도록 유의해야 한다.

음핵 밑으로 조금 내려오면 '요도'가 있다. 요도는 방광과 연결되어 소변이 나오는 통로다. 남자는 음경이라는 한 곳을 통해 소변이 나오기도 하고 정자가 나오기도 하지만, 여자는 요도와 질이 따로 분리되어 있다. 요도 밑으로 내려오면 '질 입구'라는 곳이 있다. 질로 들어가는 이곳은 정자가 들어가는 곳, 월경이 나오는 곳, 아기가 나오는 곳이며, 포궁과 연결된 곳이다.

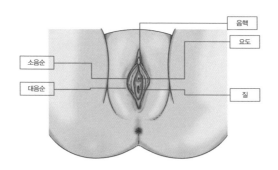

출처 : 자주스쿨

관심 가지고 사랑해줘야 하는 생식기

사회적으로 여성의 생식기가 무시당하고 오직 임신과 출산의 통로로만 취급된 적도 있지만 그런 분위기는 점점 달라지고 있다. 여성들이 자신의 생식기에 대해 잘 알고 당당히 자신의 생식기에 관심을 가지는 것이 필요하다.

생식기가 특별히 소중해서가 아니라 매우 소중한 우리 몸 중에서 특별히 약한 곳이고 소외되기 쉬운 곳이니 계속해서 관심을 가지고 관찰하고 관리해주어야 한다는 것이다. 또 생식기는 여성의 건강 상태를 보여주는 통로이기도 하다. 생식기는 여성 몸에서 가장 깊숙한 곳에 있는 특별한 존재다. 그러니 더 관심을 가지고 사랑해주기 바란다.

3장

10대 딸, 정확하고
솔직하게 알려주자

아이가 자위를 해요

"중학생 딸이 자위하는 것을 봤습니다. 관련 이야기를 들은 적은 있지만 우리 애가 그러는 걸 보니 너무 충격적입니다. 심지어 여자애가 하는 걸 보니 무슨 말을 어떻게 해야 할지 막막합니다."

사춘기가 된 자녀가 자위하는 것을 목격한 경우 양육자들은 충격에 빠진다. 아무리 미리 짐작을 하고 마음을 먹고 있어도 실제 현장을 목격하게 되면 당황하고 놀라서 아무 말도 못 하거나 아이를 다그치게 된다. 특히 딸의 자위를 상상조차 하지 못한 양육자들은 훨씬 당황스럽고 놀라서 어쩔 줄 몰라 한다.

아이를 하나의 인격체로 존중하자

어린 줄만 알았던 딸이 성적인 행동을 한다는 것이 양육자 입장에서는 굉장히 충격적일 수 있다. 하지만 그럴수록 더더욱 대화를 시도하거나 교육을 진행하려는 욕심보다는 아이를 있는 그대로 존중하는 마음을 먼저 갖춰야 한다.

조금 냉정한 이야기를 하면 자위는 아이의 사생활이다. 인간이라면 당연히 가지고 있는 성욕구와 함께 성호르몬이 폭발적으로 나오는 시기가 되면서 자신의 몸에 대해 탐색하고 성을 알고 싶어 하고 행동해보고 싶은 욕구가 생기게 된다. 그걸 우리는 사춘기라고 부른다. 아이는 건강하게 잘 성장하고 있고, 그 과정에서 실제로 성행동을 하기도 한다.

자위를 한다는 것은 지극히 정상적이고 지극히 개인적인 영역으로, 양육자가 기억해야 할 것은 우리 아이는 하나의 인격체이고 자신의 몸을 만질 수 있는 권리가 아이에게 있다는 것이다.

아들 성교육만 언급했던 과거의 양육자 교육

위에서 언급한 '아이를 하나의 인격체로 존중하는 태도'가 양육자들에게 전혀 없던 것은 아니다. 그러나 특정 성별, 즉 아들에게만 그런 태도를 보이려는 경향이 있었다.

많은 양육자가 아들의 자위에 대해서는 꽤나 관대하다. 앞에도 말했듯이 "사춘기가 시작된 아들의 방에 크리넥스를 넣어주세요"라는 어느 성교육 강사의 발언이 화제가 된 적이 있었다. 심지어 아이가 자위를 하고 있을 때 실수로 방문을 열었다면 사과해야 한다는 내용도 있었는데, 그 영향으로 많은 양육자들이 그렇게 하는 것이 좋은 방법이라고 생각한다.

이 방법이 틀렸다고 말하려는 것은 아니다. 이 내용에 대해 동의하고 괜찮은 대처 방법이라 생각한다. 그런데 참 아이러니하게도, 딸의 방에 그렇게 했다는 양육자를 본 적은 단 한 번도 없었다. 아들의 자위에 대해서는 공부하고 이해하려 하지만, 딸의 자위에 대해서는 드러내놓고 이야기하거나 이해하려는 노력이 비교적 적다고 볼 수 있다.

실제로 자녀 자위에 대해 상담을 요청하는 분들을 보면 아들의 자위에 관한 상담 요청은 거의 없다. 간혹 아들의 자위 방법이 특이하거나, 자위할 때 음란물을 너무 심하게 본다는 것을 알게 되면 상담을 요청해온다. 그렇다면 딸 가진 양육자는 어떨까?

"선생님, 저희 딸이 자위를 하는 걸 알게 됐어요. 이제 어떻게 하죠?"라는 절망적인 목소리로 상담 요청이 종종 온다. 자위 방법이 특이한 것도 아니고 음란물을 보는 것도 아닌데, 딸이 자위한다는 그 자체로 충분히 충격을 받은 양육자들이 있다.

혹시 우리는 아들에게는 좀 더 관대한 태도를, 딸에게는 좀 더 보수적인 태도를 가지고 있는 것은 아닌가 생각해봐야 한다.

올바른 자위 방법 교육이 필요하다

아이가 중독일 정도로 자위에 심각하게 집착하는 게 아니라면 자위를 하고 안 하고는 문제가 되지 않는다. 다만 자위를 어떤 방법으로 하느냐에 따라서 위험해질 수도 있다. 특히 여자아이들의 자위 방법 중에는 위험한 것도 있다.

자위는 반드시 손과 생식기를 깨끗하게 씻고 편안한 분위기에서 하는 것이 좋다. 또, 음란물이나 자극적인 영상, 사진을 보는 것보다 자신의 몸에 집중하여 감각을 느껴보는 것이 좋다. 질에 뭔가를 넣는 자위는 위생적으로도 좋지 않고 질 내부에 상처가 날 수도 있으며 이로 인해 염증을 유발하기도 한다. 그리고 위험한 물건(실제로 연필이나 딱풀을 넣어 자위를 하다가 피가 났다는 상담을 받은 적이 있다)을 사용하는 것은 자궁경부에 상처를 낼 수 있으니 절대 해서는 안 되는 방법이다. 그리고 자위가 다 끝났다면 손과 생식기를 씻고 뒤처리를 깔끔하게 해야 한다.

자위는 자신의 몸을 탐색하고 알아가는 것이며, 그 과정에서 성적인 쾌감을 느낄 수 있는 행동이다. 자신의 몸을 위험하게 만드는 것이 아니라 기분 좋은 느낌을 느끼는 것이 목적이라는 것이다. 아이가 자위에 대해 잘못 이해하지 않도록 올바른 자위 방법을 교육해주는 것이 좋다.

자위 교육을 전문가나 매체를 통해 하는 것도 좋다

양육자가 아이의 자위에 대해 언급하는 것은 어쩔 수 없이 부담스럽게 느껴지는 일이다. 아이가 자위한다는 것을 알게 된 상황이라고 하더라도 서로 민망하거나 불편할 수도 있고, 자위를 하지 않는 상황인데 교육을 하면 양육자가 자위를 하라고 부추기는 것 같은 느낌이 들 수도 있을 것이다.

자위 교육은 아주 사적인 영역이고 부모-자녀 간에 대화 나누기 어려운 주제일 수 있기 때문에 양육자가 직접 교육하지 않고 전문가에게 교육을 요청하거나 책이나 교육 영상을 통해 진행하는 것도 좋은 방법이 될 수 있다.

동성애에 대해 뭐라고
설명해야 할까요?

"6학년 아이가 동성애에 대해 궁금해합니다. 뭐라고 설명해줘
야 할까요?"

영화 〈보헤미안 랩
소디〉가 상영했을 당시 영화를 보고 아이가 동성애가 뭐냐고 질
문했는데, 딱히 뭐라고 설명하기도 어렵고 또 길게 설명했다가
괜히 아이가 동성애에 관심을 가지고 찾아볼까 봐 괜히 신경이
쓰였다는 양육자를 심심치 않게 만났다. 그런가 하면 동성애라
는 주제를 자칫 민감하게 생각하는 양육자도 여전히 있다.

동성애에 대한 기본 이해부터 다시 해보자

아이가 동성애를 포함한 성소수자에 대해 물을 때는 양육자
가 비교적 명확하게 말해주는 것이 좋은데, 그러기 위해서는 동
성애에 대한 기본 이해부터 되어야 한다. 종종 트랜스젠더와 동
성애자를 동일하게 생각하거나 둘 다 비정상이라고 생각하는 양
육자들이 있는데 트랜스젠더와 동성애자는 엄연히 다르다.

동성애자는 본인의 성별과 같은 성별을 사랑하는 사람을 뜻하고, 트랜스젠더는 본인의 신체적 성별과 정신적 성별이 다른 사람을 뜻한다. 즉, 남자의 몸을 갖고 있지만 스스로 여자라고 생각하거나 그 반대인 경우다.

동성애는 실존의 문제다

동성애가 옳으냐 그르냐의 문제로 접근하는 사람들이 있는데, 사실 이건 말이 안 된다. 그 사람의 존재가, 살아 있음이, 우리 공동체 안에 속해 있음이 누군가의 옳고 그름의 기준으로 판단되어서는 안 된다는 뜻이다. 동성애는 옳고 그름의 문제가 아니라 실존의 문제다. 그들이 실제로 존재하는 한, 그들의 존재 자체를 논리적으로 판단할 권리가 우리에게는 없다.

아마 이 글을 읽으면서 불편한 마음이 드는 양육자가 있을 것이다. 그렇다면 다시 한번 잘 생각해보았으면 한다. 내가 어떤 성별을 사랑하는지를 편의에 따라 선택할 수 있을까? 그것은 오직 내 마음을 통해 느끼는 것이지 필요에 의해 그때그때 바꿔서 선택할 수 없다. 엄청난 공격과 비난, 차별을 받으면서도 성소수자로 살아간다는 것은, 그들이 그냥 그렇게 존재하기 때문이다. 동성애자는 그냥 동성애자이고, 이성애자는 그냥 이성애자인 것이다. 사람의 존재를 주제로 찬반 토론을 할 수 없으며, 그 누구도 타인의 존재에 대해 찬성하거나 반대할 권리는 없다.

아이에게 혐오를 가르쳐주지 말자

양육자가 동성애에 반대하거나 불편하다는 이유로 아이의 질문에 부정적으로 답해줘서는 안 된다. 양육자가 자신의 가치관에 따라 동성애를 비하해서 이야기하거나 아예 언급조차 하지 않고 숨기는 경우도 있다. 그것은 양육자의 마음에 있는 혐오를 타당화하는 것이며, 아이에게 그 혐오를 알려주는 것이 된다.

다시 설명하자면 양육자가 자신의 가치관에 맞지 않는 누군가를 비하하거나 소외시켜버리는 행동을 몸소 보여주는 것은, 우리 아이도 나중에 자기 가치관에 맞지 않거나 마음에 들지 않는 대상을 당당히 미워하고 비하하며 소외시켜도 된다고 알려주는 것과 같다. 이런 일은 절대 일어나서는 안 된다. 그리고 이런 아이들은 관계를 건강하게 형성하지 못할 가능성이 높다.

팩트만 전달하면 된다

아이가 동성애가 뭐냐고 질문했을 때는 동성애가 무엇인지만 설명해주면 된다.

"우리 ○○가 그게 궁금하구나. 동성애는 같은 성별을 사랑하는 거야. 그렇게 같은 성별을 사랑하는 사람을 동성애자라고 해. 이 지구상에 있는 어떤 사람들은 서로 다른 성별을 사랑하고, 어떤 사람들은 서로 같은 성별을 사랑하기도 해. 아빠랑 엄마는 서로 다른 성별끼리 사랑하는 사람이지? 좀 더 많은 사람들이 엄마, 아빠처럼 다른 성별과 사랑에 빠지지만, 같은 성별을 사랑하는 사람도 있어" 정도만 이야기해줘도 된다. 아이가 추가 질문이 없다면 충분한 대답이 될 수 있다.

동성애에 대한 질문이 나오면 아이가 나중에 더 자세히 알게 되었을 때 스스로 자신의 가치관을 만들고 그 기준에 따라 동성애에 대해 생각해볼 수 있게 하면 된다.

사춘기 자녀가 동성에게 마음이 간다고 털어놓는다면

사춘기 자녀가 동성인 친구에게 자꾸 마음이 간다고 이야기해서 불안에 떨며 질문하러 왔던 양육자를 만난 적이 있다. 양육자 입장에서는 많이 당황스럽고 막막해지는 아이의 고백일 수 있다. 양육자가 그런 감정을 느끼는 이유는 막연히 성소수자에 대한 거부감 때문에, 우리 아이가 성소수자가 되지 않았으면 하는 마음보다 더 깊은 곳에 있는, 성소수자일 때 겪게 되는 세상의 차별과 비난이 우리 아이를 향하지 않았으면 하는 마음이 더 근간에 있기 때문일 것이다.

청소년기에 대해 공부했거나 자녀 발달에 관심이 있어서 따로 공부한 양육자들은 아마 사춘기 때 호르몬 분비가 많아지고 감정에 대해 정의 내리는 게 미성숙하기 때문에 동성에 대한 호감을 사랑이라고 착각할 수도 있다는 내용을 본 적이 있을 것이다. 그래서 관련 책들에 "네 나이에는 그럴 수 있어. 그런데 시간이 지나면 괜찮아질 거야. 너무 걱정하지 마. 나는 언제나 네 편이야"라는 식으로 반응해주는 것이 좋다는 내용이 있다. 그런데

이 또한 아이에게는 상처가 될 수 있다. 왜냐하면 위와 같은 반응은 '이성애자가 정상이야. 너도 시간이 지나면 이성애자가 될 수 있어'라는 의미를 내포하는 것이기 때문이다.

아이가 동성 친구가 좋다고 하는 것은 성소수자라서가 아니라 시기적인 특성일 수도 있다. 그럴 경우에는 위와 같은 반응도 그냥 넘어가겠지만, 만약 아이가 성소수자라면 의도치 않게 아이에게 상처를 주게 된다. 성소수자가 사회적 소수자로 존재하는 이 사회에서 이성애자가 아닐 수도 있다는 사실은 누구보다 본인에게 가장 혼란스러운 일이다. 그렇기 때문에 정상/비정상 또는 옳음/그름의 잣대보다는 아이가 어떤 존재라도 소중하고 가치 있는 존재라는 것을 전달하는 것이 중요하다(실제로 모든 양육자는 자녀에 대해 이런 진심을 갖고 있다고 믿는다). 그리고 어떤 얘기라도 함께 나눌 수 있는 양육자라는 것을 알려주는 것이 좋다.

자녀가 성소수자일 수도 있다는 사실은 양육자에게도 감당하기 힘든 소식일 수 있다. 그러나 타인보다는 당사자가, 나보다는 우리 아이가 훨씬 감당하기 힘들 수 있다는 것을 잊지 않았으면 한다. 그리고 세상 무엇보다 소중한 우리 아이가 자신을 있는 그대로 수용받지 못해 평생 자기 스스로를 미워하며 살지 않도록 해야 한다. 혹시 아이가 성소수자라면 아이가 세상에서 받는 첫 번째 차별과 비난이 부디 부모에게서가 아니기를 간절히 바란다.

아이와 보게 된 진한 스킨십 장면, 아이가 민망해해요

"중1 아이와 함께 드라마를 보다가 키스하는 장면이 나왔습니다. 아이가 징그럽다고 정색을 하는데 민망해하는 거 같아요. 이럴 땐 어떻게 반응해야 할까요?"

요즘 미디어에 나오는 스킨십 수준이 장난아니다. 키스신은 기본이요, 옷 벗고 누워 있는 장면까지…, 오히려 스킨십 장면이 없는 드라마를 찾기가 어려울 정도. 아이가 커갈수록 TV에 나오는 섹슈얼한 장면에 양육자가 당황하거나 아이가 민망해하는 경우가 생긴다.

이상적인 메시지를 전해주려는 부담감을 버려라

대부분의 양육자들은 섹슈얼한 장면이 나오면 아무 반응도 하지 않고 그 시간이 흘러가기만을 바란다. 그리고 아무 일 없다는 듯이 다음 장면을 보거나 숙제 핑계를 대며 아이를 방으로 들여보내는 경우도 있다. 그다음으로 양육자들이 가장 많이 하는 행동은 뭘까? 바로 그 장면을 어떻게든 멋있고 아름다운 것으로 설명해주려는 시도다.

여러 양육자 교육에서 자연스럽고 긍정적인 성교육을 강조하다 보니 아이가 오해하지 않도록 사랑하는 사람끼리의 스킨십을 긍정적으로 전달해주어야 한다는 부담감을 가지게 되고 그 부담감 때문에 과하게 포장해서 이야기하는 경우가 많이 생긴다.

아이의 생각에 대해 궁금해하면서 대화하라

사춘기 이전에는 일방적으로 전달하는 방식의 성교육이 적합할 수 있지만 초등학교 고학년 정도가 되면 아이도 느끼고 생각하는 것이 있기 때문에 일방적인 성교육 방법보다는 생각을 물어보고 이야기를 나누는 방식이 훨씬 더 도움이 된다. 또한 TV를 함께 보다가 야한 장면이 나왔을 때, 정색하는 아이에게는 장면에 대한 설명보다 왜 그렇게 생각하는지 물어보는 것이 좋다.

"엄마(아빠)가 보기에는 서로 사랑하는 두 사람이 사랑 표현으로 스킨십을 하는 것 같은데 ○○는 왜 징그럽다고 느낄까? 저런 장면 보면 무슨 생각이 들어?"라고 묻고 대답을 듣는 것이 좋다.

대화를 통해 아이가 스킨십이나 사랑하는 연인 또는 부부간의 사랑 표현에 대해 어떻게 생각하는지 대략적으로 알 수 있다. 만약 부정적인 쪽으로 치우쳐 있다면 일상생활에서 조금씩 방향 전환을 해주거나 전문가를 통한 교육을 시켜주면 되고, 아이가 너무 개방적이거나 기준이 약하다는 느낌이 들면 자신의 기준을 정하고 신중함과 책임감을 가질 수 있도록 교육해주면 된다.

일상에서 성과 관련해 겪게 되는 상황에서 어떤 가르침을 주려 하기보다는 대화할 수 있는 기회로 삼고 아이의 생각을 알아가고 그 생각에 대해 함께 이야기 나누는 시도를 해보면 좋다.

어떤 부분을 노력해야 하는지를 명확하게 하라

초등학교 고학년인 자녀를 키우는 양육자들 중에 아이들을 위한 성교육 만화책은 숨기거나 보여주지 않으면서, TV나 영화에 나오는 자극적인 장면을 함께 본 것에 대해 고민하는 경우가 많다.

우리가 아이들에게 성적인 자극을 주는 것에 대해 민감한 관점과 긴장감을 가지고 있어야 하는 것은 맞다. 그러나 그것은 필요 없는, 적절하지 않은 성적 자극에 적용되는 것이지 아이들이 알아야 할 내용들을 알려주지 않는 것에 적용되는 것이 아니다. 아이들이 자라면서 필요한 교육적이고 실제적인 성적 자극, 즉 성교육에 필요한 매체와 자료들은 양육자를 포함한 믿을 수 있는 어른들이 연령에 맞춰 알려주어야 한다. 그것이 곧 양육자의 의무이자 어른의 의무다.

이러한 맥락에서 방송국에서 일하는 어른들은 감수성을 가지고 아이들에게 부끄럽지 않은 프로그램을 만들려고 노력해야 하고 양육자들은 자극적이고 폭력적인 미디어 문화를 바꾸기 위해 적극적으로 시청자 의견을 개진하는 데 힘써야 한다. 가장 좋은 것은 민망하게 느껴질 수 있는 스킨십이 나오는 드라마나 TV 프로그램을 함께 보지 않는 것이다. 시청 연령 준수는 기본이다.

월경에 부정적인 아이,
뭐라고 설명하면 좋을까요?

"5학년 아이가 월경에 대해 부정적으로 생각합니다. 이제 곧 시작할 텐데 뭐라고 설명해줘야 아이가 두려워하거나 싫어하지 않고 자연스럽게 받아들일 수 있을까요?"

주로 아이가 월경에 대해 어떻게 생각하는지 잘 인지하지 못하다가 아이가 2차 성징이 일어날 때가 되면 양육자의 고민이 시작된다.

양육자는 어떻게 느끼는가부터 점검하자

이 글을 읽고 있는 양육자들이 겪었던 월경을 떠올려보자. 남녀 공학을 다녔던 엄마라면 남자아이들에게 목격당하지 않고 월경대를 챙겨서 화장실에 가기 위해 미션 임파서블을 찍었던 기억이 한 번쯤은 있을 것이다. 슈퍼에서 월경대를 사면 없던 검정색 봉지를 구해서라도 넣어주거나 신문지에 싸주던 사장님도 있었다.

'생리'라는 단어가 보편화된 이유도 주목할 만하다. '생리'는 여성의 몸에서 피와 찌꺼기가 나오는 건데 굳이 이름까지 붙여서 이야기할 필요가 없다는 의미에서 붙은 이름이다. 똥오줌이 나오는 것과 같은 생리현상 중 하나니까 그냥 생리라고 부르라고 해서 이 단어를 쓰게 되었다는 기록이 있다('생리'라는 단어의 시작이 일본이었다고 한다).

좀 더 솔직히 말하면 '생리'라는 단어를 입에 올리는 것도 민망해 '생리일'이 아니라 '그날', '마법' 식의 표현으로 돌려 말하는 게 더 익숙했고, 월경대 광고에서는 명백하게 붉은색 혈을 파란색 물로 대신하는 것이 익숙했다. 우리 양육자가 경험했던 월경은 사회적으로 이렇게 부정적이고 소극적인 이미지였다. 그렇기 때문에 나도 모르게 조심스럽고 숨겨야 하는 주제 중 하나라고 생각하고 있을 가능성이 높다.

일단 아이에게 월경에 대해 설명하기 전에, 양육자가 월경에 대해 어떻게 생각하는지가 굉장히 중요하다. 특히 엄마는 딸에게 월경하는 모습을 보여주게 되고, 월경에 대한 생각과 느낌을 가지고 있는 월경 선배이고 직접 가까이에서 관찰 가능한 대상이기 때문에 생각보다 큰 영향을 미친다.

양육자는 월경에 대해 어떻게 느끼는가? 혹시 아이 앞에서 월경을 할 때마다 짜증을 내거나, 아파서 누워 있거나, 월경을 하면 키가 안 크니까 아직 안 했으면 좋겠다는 식의 부정적인 말을 내뱉지는 않았는지 생각해보기 바란다. 아이들은 생각보다 자신에게 일어날 2차 성징에 굉장히 진지한 태도를 가지고 있으며 관심도 많다. 관심이 없는 아이들도 엄마가 월경할 때만 되면 아빠랑 싸우거나 짜증을 낸다는 것을 알 수 있다. 그러니 혹시 내가 딸 앞에서 월경할 때 부정적 말이나 행동, 감정을 필터 없이 표출하지는 않았는지 점검해볼 필요가 있다.

월경에 대한 긍정적 인식을 심어주자

초등학교 고학년 여학생들에게 월경 교육을 할 때마다 이런 아이가 꼭 있다. 월경에 대해 부정적으로 생각하고 월경을 원하지 않는 아이다. 아무리 팩트만 이야기해도 부정적 의미를 부여해서 본인은 월경을 하지 않았으면 좋겠다는 아이도 있다. 실제로 아이들이 월경에 대해 하는 말들은 이렇다.

- "생리하다가 아파서 죽을 수도 있어요?"
- "생리하면 진짜 키가 안 커요? 키 안 큰다고 엄마가 최대한 늦게 해야 된대요. 그런데 일찍 하면 어떻게 해요? 저 키 더 크고 싶은데……."
- "우리 엄마는 그날만 되면 아빠랑 싸우고 울어요. 나도 그럴까 봐 안 하고 싶어요."
- "생리할 때 학교에 갔는데 옷에 묻으면 어떻게 해요? 왜 여자만 이런 걸 겪어야 해요?"
- "엄청 귀찮고 찝찝하다던데 안 했으면 좋겠어요. 왜 하필 여자로 태어나서……."

그 외에도 아이들에게 월경에 대한 생각이나 느낌을 물어보면 아무 생각 없는 아이들도 있지만 대부분 간접적으로 듣거나 본 것들이 부정적인 면이 많아서 막연하게 부정적인 느낌을 가지고 있는 경우가 많다. 하지만 월경은 부정적인 것이 아니다.

남자아이들의 몽정은 해도 되고 안 해도 된다. 실제로 모든 남자가 몽정을 경험하지는 않는다. 그러나 월경은 다르다. 때가 되면 반드시 해야 하고, 혹시 때가 지나도 초경을 하지 않으면 건강하게 잘 자라고 있는지 병원에 가서 검진을 받아야 한다.

즉, 월경은 여성의 건강 상태를 알려주고 임신 가능성과도 직결된다. 그러니 월경은 하면 귀찮거나 아프고 힘든 것이 아니라 건강하게 잘 자라고 있다는 신호인 것이다. 이 부분을 아이에게 알려주는 것이 좋다. 월경을 하면 아프니까 각오하라는 식이 아니라, 몸에서 건강한 여자 어른으로 성장하고 있다는 신호를 보내주는 것이니 반가운 마음으로 스스로를 대견해하면서 받아들이면 된다고 친절하게 안내해줬으면 한다.

월경이 딸에게 또 하나의 한계가 되지 않도록

양육자나 어른들은 여자아이들에게 몸조심을 시키는 경향이 있다. 똑같이 다리를 벌리고 앉아 있어도 남자아이들보다는 여자아이들에게 지적을 더 한다. 여자아이가 성장하면서 그런 지적은 더욱 심해진다. 아이가 (사회에서 정의하는) 여성스러움의 기준에 부합하도록 끊임없이 조심을 시킨다. 예쁘게 앉을 것, 노출이 심한 옷을 입지 말 것, 너무 씩씩하지 말 것, 감정 표현을 절제해서 할 것 등…….

2차 성징이 일어나면서 가슴이 나오고 월경을 하기 시작하면 이 같은 제약과 조심성에 대한 강조가 더욱 심해진다. 이런 사회에서 여자아이들에게 초경은 내가 하고 싶은 것들을 못 하게 되는 이유가 되기도 하고, 한 달에 한 번 행동의 제약을 평소보다 더 받게 되는 것이기도 하다. 심지어 몸도 힘든데 어느 누구 하나 좋은 이야기를 해주지도 않는 것이다.

우리 딸들이 앞으로 40년 정도 겪게 되는 월경을 숨겨야 하는, 수치스러워야 하는 현상으로 받아들이지 않았으면 한다. 대부분의 여성들이 경험하는 월경이라는 것에 대해 당당하게 생각하고 소중하게 받아들였으면 한다. 월경 때문에 하고 싶은 것을 포기하거나 망설이는 일이 없었으면 한다. 양육자도 이런 마음을 가지고 여성에게 월경은 친구이며, 월경은 나의 한계를 설정해야 하는 존재가 아님을 알려줬으면 한다.

어차피 해야 된다면 담담하게

월경에 대한 교육은 2차 성징이 일어나기 전에 알려주는 것이 좋다. 긍정적인 분위기에서 정확한 정보를 줘야 한다. 월경대를 꺼내 뜯어 만져보기도 하고 빨간색 물감을 섞은 물을 부어 흡수되는 걸 보기도 하고 직접 착용해서 느낌을 나누는 것도 좋다.

월경 때 나오는 혈을 더러운 피로 알고 있는 사람들이 많은데,

더러운 피가 아니다. 더러워서 냄새가 난다고 생각하지만, 혈이 냉과 섞이면서 약간의 냄새가 나고, 그것이 월경대에 묻고 공기와 접촉되어 산화되면서 냄새가 나는 것이지 혈 자체가 악취를 풍기지는 않는다(만약 그렇다면 건강에 문제가 생긴 것일 수 있으니 병원에 가야 한다).

월경할 때 나오는 혈은 아미노산, 철분 등 우리 몸에 꼭 필요한 성분이 포함된 굉장히 좋은 피가 나오는 것이다. 더럽고 필요 없는 피가 아니라 몸에 필요한 성분과 피가 빠져나가기 때문에 몸이 힘들게 느껴질 수 있다. 그래서 가끔 월경통이라는 걸 겪게 되는데 이때는 약을 먹거나 배를 따뜻하게 해주고 좀 쉬면 괜찮아질 수 있다고 알려줘야 한다. 우리 아이가 월경통이 있을지 없을지도 모르는데 미리 아이에게 월경을 하면 많이 힘들고 아플 수 있다는 이야기를 강하게 전달할 필요는 없다.

긍정적으로 알려주든 부정적으로 알려주든, 잘 성장하고 있는 딸이라면 월경은 하게 된다. 그리고 그 기간은 인생에서 결코 짧지 않다. 이왕 하는 거라면 친구처럼 여기고 담담하게 받아들이는 것이 정신건강과 몸 건강 모두에 좋다. 그리고 무엇보다, 우리 딸들에게 월경이 여성이기 때문에 감내해야 하는 숙명, 인내해야 하는 증상 등으로 존재하지 않기를 바란다.

초경 파티가 좋은 건가요?

"딸이 초경한다고 초경 파티를 해주는 집도 있던데 이게 아이
한테 좋은 건가요? 막상 하려니 아이 아빠도 민망해하고 아이
도 별 생각이 없는 거 같아서 고민되네요."

초등학교 5학년 딸
을 키우는 한 어머니의 질문이었다. 딸이 얼마 전 초경을 시작해
서 교육을 신청했는데, 매체나 주변 엄마들이 초경 파티를 해줬
다는 이야기를 듣고 고민을 하고 있었다. 이처럼 한때 초경 파
티, 몽정 파티가 유행한 적이 있었다.

초경 파티란?

초경 파티를 해줄까 말까를 고민하기 전에 초경 파티의 의미
를 살펴볼 필요가 있다. 초경 파티 자매품으로 몽정 파티가 있는
데, 얼마 전에도 한 TV 프로그램에서 몽정 파티를 하는 장면이
나왔다. 이 장면은 시청자들 사이에서 이슈가 됐는데, 행복해하
는 어른들 사이에서 정작 주인공인 아들이 영 당황한 표정이었
기 때문이다.

초경 파티와 몽정 파티의 의미는 소문내거나 누구에게 알리기 위함이 아니라 어른으로 성장해나가는 아이를 존중한다는 일종의 제스처를 보여주는 것이다. 더불어 아이가 건강하게 성장해나가는 것에 대한 감사와 축하의 마음을 전달하는 것이다. 이러한 파티는 초경과 몽정은 민망하고 부끄러워서 숨겨야 하는 것이 아니라 어른으로 잘 성장하고 있다는 신호이니 축하해주어야 한다는 의미에서 시작된 것이라고 볼 수 있다.

초경 파티는 스타일에 맞게

초경 파티는 아이의 스타일에 맞게, 가족의 스타일에 맞게 해주는 것이 좋다. 축하하거나 마음을 전하는 방식이 어떤 게 좋을지는 주인공인 아이한테 물어보는 것이 가장 좋은 방법이지 않을까? 남들이 어떻게 했다는 것을 참고하여 파티의 방법이나 규모를 결정하기보다는, 초경을 한 아이가 원하는 방식으로 축하하는 마음과 진심을 전달하는 것이 포인트라는 것을 잊지 말아야 한다.

여기서 스타일이라는 것은 아이의 성향, 평소 가족 분위기, 양육자와 자녀 간의 대화 빈도, 대화의 깊이, 양육자가 가지고 있는 성에 대한 인식들이 포함될 수 있다. 어떤 아이들은 자신이 성장하는 것을 친구들과 가족들에게 자랑하고 싶어 하고 드러내고 축하받고 싶어 한다. 그러나 어떤 아이들은 혼자만 간직하고 싶은 비밀스러운 사생활이라고 느끼기도 한다. 그러니 아이들의 성향을 존중해주는 것이 중요하다. 또 평소에 가족들끼리 대화를 많이 하지 않거나 친밀감이 그렇게 깊이 형성되어 있지 않은데 초경 파티를 하는 것은 아이로 하여금 초경의 경험보다 더 큰 당황스러움과 불편한 마음을 느끼게 할 수도 있다.

파티라고 하면 드러내고 축하받는 행사를 떠올릴 수도 있지만 엄마와 단둘이 월경 팬티를 사러 가거나, 마트에 월경대 쇼핑을 가거나, 평소 아이가 좋아했던 맛집에 가서 여자들만의 파티를 하거나, 월경 때 입고 싶은 옷을 사러 가는 것들도 파티의 방법이 될 수 있다. 아빠의 경우 아이를 존중하기 위해 '방문 노크하고 들어가기', '집에서 옷 잘 챙겨 입고 다니기', '함부로 애정 표현을 하지 않기'와 같은 행동 변화의 다짐들을 편지로 써서 주는 것도 좋은 방법이다.

초경 파티보다 중요한 월경대 준비

아무래도 월경대를 착용하거나 질에서 뭔가 나온다는 것은 상상만 해도 불편한 상황이다. 그래서 아이들이 알고 준비할 수 있도록 미리 알려주는 것이 필요하다. 긍정적인 이야기들을 많이 해주는 게 좋지만, 그렇다고 해서 일어날 일들을 숨길 필요는 없다. 초경을 시작하면 느끼게 되는 찝찝함, 불편함을 알려주고, 여러 가지 정보들도 안내해주어야 아이들이 뭔가 잘 안 맞거나 문제가 생겼을 때 도움을 요청할 수 있다.

아이에게 월경대의 종류와 사이즈, 면 월경대, 월경컵, 탐폰

같은 다양한 종류를 모두 알려주고 각각의 장단점을 알려주는 것이 좋다. 또, 마트에서 살 수 있는 월경대나 엄마가 가지고 있는 월경대를 펼쳐 보여주면서 직접 물을 부어보고 금세 흡수되기 때문에 너무 걱정하지 않아도 된다고 안심시켜주는 것도 필요하다.

더불어 월경대를 착용했으나 새는 경우 어떻게 해야 하는지, 피부가 가렵거나 따가울 때는 어떻게 해야 하고 또 그 증상이 나타나는 원인은 무엇인지 알려주는 것도 좋다. 아이들이 가장 걱정하는 것 중 하나가 월경통인데, 이때 먹을 수 있는 약과 찜질하는 방법을 알려주면 도움이 된다.

속옷을 하기 싫어하는 아이, 어떻게 설득하죠?

"아이의 가슴이 조금씩 나오고 있습니다. 옷 위로 조금씩 표시가 나기 시작해서 브라를 입으라고 하는데 너무 답답해하고 싫어하네요. 저렇게 다니다가 학교에서 남자애들이 관심 있게 볼까 봐 걱정돼요."

딸에게 브라를 꼭 해야 한다고 말하면 "왜 해야 되는 거야?", "불편해서 하기 싫어", "답답해서 못 견디겠어"라며 거부하는 아이들이 있다. 그럴 때 충분한 근거를 들어 설명해줄 수 있으면 참 좋겠지만 딱히 할 말이 없다고 하는 양육자도 많다. 그렇다고 아이들한테 "너의 가슴이 튀어나와서 혹시 다른 사람이 볼까 봐"라고 할 수도 없는 노릇이니 말이다.

브라 착용을 위한 사전 준비가 필요하다

아이의 가슴이 눈에 띄게 나오기 전에 성교육을 시켜주는 것이 중요하다. 앞으로 일어날 몸의 변화에 대해 알려주고 받아들일 시간을 주기 위함이다. 그 후에 아이와 함께 속옷 매장에 가서 구경도 하고 만져도 보면서 자신의 몸의 변화를 위한 준비 과정의 주체는 스스로임을 즐겁게 받아들일 수 있도록 한다.

아이가 마음에 드는 것을 사고 싶어 한다면 선물해주고, 아이가 잘 간직할 수 있도록 해주는 것이 도움이 된다. 아이가 가슴이 나오기 시작했을 때 브라 착용을 거부하지 않도록 하려면, 아이에게 선택권을 주는 것이 좋다.

시간이 흘러 아이의 가슴이 나오기 시작한다면 착용법을 알려주고, 혹시 불편한 부분이 있는지 자주 확인해야 한다. 재질이나 모양, 크기나 조임 정도가 조금이라도 불편하다면 아이와 함께 속옷 가게에 가서 불편한 부분을 대체할 수 있는 것으로 새롭게 구매하는 것이 좋다.

보호하기 위해서 해야 하는 것임을 설명해주자

아이가 왜 꼭 브라를 해야 하냐고 묻는다면 뭐라고 말해줘야 할까? 여자는 브라를 꼭 해야 할까? 여자가 브라를 해야 하는 이유는 무엇일까?

사실 꼭 해야 하는 이유가 있는 것은 아니다. 오히려 브라를 장기적으로 착용하는 것은 여성의 유방 건강에 안 좋은 영향을 미친다는 연구 결과들도 많다. 심지어 브라를 처음 사용한 게 1900년대 초였고 한국은 1950~60년대에 착용하기 시작했으니 그리 오래된 전통도 아니다. 얼마 전에는 여자 연예인들이 브라를 착용하지 않고 셀카를 찍어 올리거나 공항에 나타나 논쟁거리가 되기도 했다.

브라를 착용하거나 착용하지 않는 것은 개인이 가진 선택의 자유다. 이 말이 무책임하게 들릴 수도 있겠지만, 원칙을 따지자면 그렇다는 뜻이다. 만약 어떤 여성이 노브라로 길을 활보하고 누군가가 그 가슴을 쳐다보고 있다면, 우리가 비난할 상대는 노브라인 여성이 아니라 그걸 쳐다보고 있는 사람이어야 한다. 만약 우리 아이가 브라를 하지 않고 학교에 갔을 때 그걸 쳐다보거나 놀리는 친구가 있다면 그건 엄연한 폭력이다. 아이에게 이 부분에 대해 꼭 설명해주어야 한다.

그럼에도 불구하고 우리가 아이들에게 브라를 하라고 하는 이유는 누군가 볼까 봐 감추어야 하기 때문이 아니라 보호하기 위해서가 더 적절한 이유다. 이 부분이 가장 중요하다. 아이가 브라를 꼭 해야 하는 이유를 물으면 자라고 있는 가슴을 보호하기 위해서라고 대답해주는 것이 좋다.

가슴이 자라고 있을 때는 스치기만 해도 아플 수 있다. 그리고 가슴이 자라는 동안에 강한 자극으로 인해 다치게 되면 제대로 자라지 않을 수도 있다. 학교나 학원에서 친구들이 장난칠 때 내 가슴이 잘 크도록 하기 위해 신경 써서 장난을 치거나 하는 일은 없다. 그렇기 때문에 가슴이 안전하게 잘 자랄 수 있도록 브라로 보호를 해주는 것이라고 설명해주면 된다. 그리고 그건 자신의 몸을 소중히 여기기 위해 노력할 수 있는 한 부분이므로 주체적으로 아이가 자신의 몸을 보호하기 위해 노력하는 것이라고 유도해주자.

혼전 순결이 뭐냐고
물어보는 우리 아이

"6학년 아이가 혼전 순결이 뭐냐고 물어봅니다. 부모 입장에
서는 혼전 순결을 지켰으면 좋겠는데 솔직한 마음을 이야기해
도 되는 건가요?"

요즘에는 예전보다
혼전 순결에 대한 질문이 잘 나오지 않지만 아주 가끔 이런 질문
을 하는 아이들이 있다. 종교 모임에서 들었거나 책에서 봤다거
나 혹은 부모님이 이야기해줬는데 그게 뭐냐고 질문하는 아이들
도 있다.

혼전 순결의 정확한 기준은 무엇인가를 생각하자

혼전 순결이라는 말은 결혼 전에 성적 행위나 육체적 관계를
갖지 않는 것을 뜻한다. 그렇다면 성적 행위의 범위는 어디까지
인가? 이건 사람마다 다를 수 있다.

예전에 어떤 청소년을 만나서 혼전 순결에 대한 이야기를 나
눈 적이 있었다. 혼전 순결은 지키고 싶다고 이야기하면서 성기
결합이 성관계이기 때문에 손이나 입으로 애무까지는 해도 성기

154

삽입은 안 하고 지킬 거라고 이야기하는 걸 듣고 여러 가지 생각들로 머리가 복잡했던 기억이 있다.

자녀가 혼전 순결을 지켰으면 하는 양육자들이 이 이야기를 들으면 어떤 마음일까? '역시 개념이 있구나. 그래, 혼전 순결은 지켜야 하니까 손으로 입으로 다 해도 삽입만 안 하면 되지'라고 생각할 수 있을까? 아마 그건 너무 힘든 일일 것이다. 성기 결합 말고 다른 행위도 성적 행동으로 보는 사람들이 훨씬 많기 때문에 성기 결합 외의 행위도 최대한 늦게 했으면 좋겠다고 생각하는 양육자들이 대부분일 것이다.

혼전 순결을 지키기 위해 포함되는 행위의 기준은 사람마다 다를 것이다. 그러니 그 기준을 어디에 두는지를 생각해보는 것이 필요하다.

혼전 순결은 공평한가

혼전 순결은 누구에게 요구되는지도 굉장히 중요하다. 혼전 순결은 남자보다는 여자에게 더 요구되었으며, 옛날에는 첫날밤에 질 근육(처녀막이라고 불렀던) 파열로 인한 혈흔이 혼전 순결의 증거가 되기도 했다. 오죽하면 '처녀' 막이라는 이름이 붙었을까.

아직도 누가 그런 생각을 하느냐고 웃을 수도 있지만, 21세기에도 요르단, 이집트, 예멘 같은 이슬람권에서는 순결을 잃은 여성이 집안의 명예를 더럽혔다며 '명예살인'이라는 이름으로 죽임을 당한다.

성별 상관없이 본인이 혼전 순결의 기준을 정하고 지키겠다고 생각하면 상관없다. 그러나 사회적으로 혼전 순결은 누구에게 더 요구되는지 생각해보는 것도 중요한 포인트다.

타인의 기준과 판단으로 인해 죄책감을 가지지 않도록

혼전 순결과 관련해서 한 가지 더 생각해야 할 점은 혼전 순결을 지켜야 한다는 양육자나 종교의 가르침으로 인해 아이가 최선을 다해 혼전 순결을 지키다가 혹시라도 성적 행위를 하게 된다면 엄청난 죄책감에 빠질 수 있다는 점이다.

몇 년 전 상담했던 대학생이 있었는데, 그 아이는 목사의 딸이었다. 아이의 남자 친구 역시 목사가 되려고 공부 중인 신학생이었고 둘은 1년 넘게 교제를 하고 있었다. 자연스럽게 사귀면서 성관계를 하게 되었는데, 그럴 때마다 죄책감에 너무 시달리고 부모님 생각이 나서 자해를 하게 되었다며 상담을 받으러 왔다. 죄책감을 느끼는 것은 남자 친구도 마찬가지여서 두 사람은 한 달간 만나지 말자는 약속을 하기도 했다. 하지만 같은 학교에 같은 수업을 듣는 게 있어서 그마저도 안 지켜져 헤어진 적도 있다고 했다. 그러나 두 사람은 결국 헤어지지 못하고 여전히 괴로운 연애를 하고 있었다.

상담을 온 아이가 그토록 지키려고 하는 혼전 순결은 자신의 기준이고 자신의 결정일까? 그렇지 않다. 그 기준은 아버지의 기준이고 목사님의 기준일 수 있다. 자신이 왜 혼전 순결을 지켜야 하는지도 모르면서 억지로 율법을 따르려고 하니 욕구와 율법 사이에 괴롭게 끼어 지키지 못했다는 죄책감에 자신을 벌하고자 자해까지 하게 된 것이다.

본인이 기준을 세우고 결정하는 것이 중요하다

'혼전 순결'이라는 개념과 사회적인 기준의 중요성보다는 본인이 어떤 기준을 세우고 결정하는지가 더 중요하다. 본인이 혼전 순결을 지키고 싶다면 그렇게 하면 되고, 혼전 순결을 지키기 않겠다고 한다면 '그럼 언제, 어떤 사람과, 어떤 성관계를 해야 할까?'라는 질문에 대해 생각하고 자기만의 기준을 세울 수 있도록 도와줘야 한다.

가장 중요한 것은 어떤 선택이든 자기 기준을 가지고 스스로 선택하고 책임질 수 있어야 한다는 것을 알려주는 일이다. 그리고 그 기준을 존중해주고 대화할 수 있는 사람을 만나는 것의 중요성을 알려주고, 타인을 위해 내 기준을 바꾸고 양보할 필요가 없음을 알려주는 일이다.

야한 글을 쓰는 딸,
어떻게 해야 할까요?

"중학교 다니는 딸 방을 청소하다 우연히 발견한 수첩에 서
야한 글을 봤습니다. 너무 적나라해서 놀랐는데 뭐라고 해줘
야 할지 모르겠습니다. 컴퓨터를 보니 그런 것들을 읽은 적도
있는 거 같네요. 어떻게 하면 좋을까요?"

어린 줄만 알았던 딸
이 내가 생각지도 못한 수위의 성적 표현이 들어간 글을 쓴다는
것은 너무나도 놀랍고 충격적인 일일 수 있다.

정중한 대화를 요청하는 데서 시작하자

이런 경우 생각과 감정을 정리한 후 아이와 대화의 시간을 갖
는 것이 필요하다. 대화 전에 반드시 우선되어야 하는 것은 양육
자의 '생각과 감정 정리'다. 어른인 양육자도 하지 않는 표현을
아이가 한다는 것 자체만으로 심장이 벌렁거릴 일이지만, 그렇
다고 해서 그런 감정을 아이에게 절제하지 않고 그대로 전달해
서 좋을 건 없다.

일단 아이에게 마음대로 본 것에 대해 진심으로 사과해야 한
다. 청소하다 우연히 수첩을 보게 된 거지만 아이 입장에서는 보

지 않기를 바랐을 것이므로 사과부터 하는 것이 좋다. 그 후에 엄마(또는 아빠) 입장에서는 좀 놀랐고 어떤 마음으로 이 글을 쓰는지 이야기를 나누고 싶은데 대화를 할 수 있냐고 정중하게 요청하면 된다.

대화할 때 아이가 당황스럽기도 하고 마음대로 물건을 본 것에 대해 화가 나기도 하고 혼날까 봐 주눅이 들 수도 있다. 성과 관련된 대화를 할 때는 아이를 몰아세우거나 아이로 하여금 두려움을 느끼게 해서 부정적 느낌을 가지게 하지 않는 것이 중요하다. 그러니 아이에게 혼내거나 잔소리하려는 게 아니라 진심으로 대화를 하고 싶다는 제스처를 취하는 것이 좋다.

아이의 의도를 파악하자

아이에게 먼저 발언권을 주는 것이 좋다. 성 관련 주제뿐만 아니라 모든 대화가 그렇지만, 중간에 아이의 말을 끊거나 아이를 가르치려 들거나 비난하거나 평가해서는 안 된다.

아이에게 이 글을 쓰게 된 계기가 있는지, 이 글의 용도가 따로 있는지, 이 글에 대해 아는 사람이 있는지 등등 대화를 할 수 있는 주제는 많지만 아이에게 꼬치꼬치 물어 다그치듯이 질문하지는 않아야 한다. 양육자도 아이의 성적인 글에 당황스럽고 이 이야기를 어떻게 꺼내서 이어나가야 할까 고민스럽겠지만, 아이 또한 굉장히 불편한 상황이기 때문에 부정적인 반응은 하지 않도록 주의해야 한다. 그다음에 아이가 글을 쓰는 의도가 파악이 되었으면 그 글에 대한 느낌과 생각을 물어보고 아이의 이야기를 들어주도록 한다.

아이가 생각할 부분을 제시하면 좋다

아이의 이야기를 다 들은 후, 아이의 생각과 느낌은 있는 그대로 수용하되, 양육자가 걱정하는 부분과 아이가 생각해야 할 부분을 제시해줘야 한다. 아이의 생각을 수용하는 것은 아이의 생각이 맞다고 인정하는 것과는 다르다. 그러니 양육자의 생각이 맞고 아이의 생각이 틀렸다고 고집부리며 아이와 감정싸움을 할 필요는 없다. 양육자가 걱정하는 부분은 아이가 왜곡된 성 가치관을 가지고 잘못된 성이 진짜인 것처럼 믿어 건강한 성을 누릴 수 없게 되는 것이다. 그러니 이 부분을 아이에게 잘 설명해야 한다.

성적인 글들에는 현실에서의 성, 앞으로 겪게 될 성이 나오기보다는 왜곡된 성, 비현실적인 성이 포함되는 경우가 많기 때문에 그 부분을 짚어줘야 한다. 또 하나는 누군가를 성적으로 대상화하는 것은 잘못된 것임을 알려주자. 글에 누군가를 등장시키고 성적인 용도로 이용하는 것은 존중과는 먼 행동이다. 그런 글을 쓰는 것도 마찬가지지만 읽는 것도 사람을 사람으로 존중하지 않고 성적 호기심을 해소하기 위함이니 그 부분을 스스로 생각해보라고 알려주는 것이 좋다. 대화가 끝나면 아이에게 생각할 시간을 주고 시간이 좀 흐른 후 다시 대화를 하는 게 좋다.

아빠랑 안고 자는 걸 좋아하는데, 괜찮나요?

"6학년 여자아이를 키우는 엄마입니다. 아이가 또래보다 작아서 아직 속옷을 하거나 초경을 하진 않았습니다. 그래도 곧 2차 성징이 일어날텐데 아직도 엄마, 아빠 사이에서 자는 걸 좋아하고, 특히 아빠를 굉장히 좋아합니다. 지금까지 그랬었기 때문에 남편도 아무 생각 없는 거 같은데 저는 그게 좀 불편합니다. 제가 예민한 걸까요?"

　　　　　　　　　　　　　　　　2차 성징이 임박해 오는 자녀들이 여전히 경계 없이 행동하는 것에 대한 질문은 양육자 교육에서 한 번 이상은 꼭 나온다.

아빠부터 교육이 필요하다

어릴 때부터 서서히 잠자리 분리를 하지 않으면 생기는 문제가 바로 이런 것이다. 아이가 2차 성징이 일어나는 시점에 아이 스스로 가족들과 거리를 두는 경우도 있지만 아이들이 자기 몸의 변화와 상관없이 부모님과 함께 자거나 샤워를 하고 옷 벗고 다니는 것이 아무렇지 않은 아이들도 많다.

위 질문과 같은 상황이라면 엄마의 느낌이 맞다. 분리해줘야 하는, 거리를 둬야 하는 관계에서 그러지 않으면 보는 사람으로 하여금 부적절한 감정이 들게 한다. 꼭 몇 살 때 잠자리를 분리해야 한다는 정답은 없지만, 가족 중 누구라도 불편한 감정이 든다면 뭔가 잘못된 상황이라는 것이라고 느끼는 게 맞다.

딸과 아빠가 경계가 없는 경우에는 딸보다는 아빠 교육이 먼저다. 가족 전체가 경계가 없는 경우는 양육자가 먼저 공부하고 고민해야 한다. 일단 아빠는 딸의 경계선을 세워주고 존중해주는 것이 왜 중요한지를 알아야 한다. 딸이 세상에 태어나 가장 처음으로 관계를 형성하는 남자는 아빠일 가능성이 높다. 그러니 아빠가 어떻게 해주느냐에 따라 아이의 연애 패턴이 바뀌고 남자 보는 눈이 달라진다.

아빠가 해줘야 할 일

아빠가 딸의 경계선을 세워주지 않으면 딸은 자신의 경계선을 세우지 못하고 누가 침범해도 그것이 사랑이라 착각할 수 있다. 경계선이라는 것은 인간이 건강한 관계를 유지하기 위한 최소한의 거리다. 소중한 우리 딸의 경계선을 세워주기 위해 아빠가 해야 할 일은, 최선을 다해 아이를 존중하고 경계선을 세우도록 돕고 그 선을 지켜주는 일이다. 흔히 아빠들이 많이 하는 농담이 있다.

"아빠 말고 다른 남자 믿지 마!"

진담이 꽤 많이 들어 있는 말이 아닐까 싶은데, 이 말은 잘못된 표현이다. 아빠가 신뢰를 준다면 아이는 진실한 신뢰가 어떤 것인지 알고 구분할 수 있게 된다. 그러나 아빠를 믿을 수 없게 되면, 아빠가 지켜주지 않으면 우리 아이는 어떤 것이 사랑이고 어떤 것이 침범하는 건지 구분하는 게 어려운 아이로 자라게 된다. 다른 남자들에게, 다른 사람들에게 존중받고 함부로 침범당하지 않길 바란다면 아빠부터 아이에게 적정선을 지켜주자.

아이에게 잘 설명하는 게 중요하다

자기를 누구보다 예뻐했던 딸바보 아빠가 어느 날부터 갑자기 거리를 두고 각자 자길 원한다면 아이는 서운해서 울지도 모른다. 그리고 그게 상처가 되어 아이 마음에 자리 잡을 수도 있다. 그렇기 때문에 아이들에게 규칙을 이야기하거나 양육자가 어떤 행동을 하기 전에 꼭 설명을 해줘야 한다.

첫째로 안방은 엄마, 아빠가 함께 자는 방이며 부부이기 때문에 둘만의 시간이 필요하고 또 굉장히 중요하다고 설명해줄 필요가 있다. 그래서 그 공간과 시간을 존중해주기를 부탁한다.

둘째는 이제 너도 곧 2차 성징이 일어나고 점점 건강한 어른으로 커가기 때문에 엄마, 아빠가 함부로 만질 수 없는 존재임을 분명히 해주는 게 좋다. 더 이상 어린애가 아니라 청소년으로서, 온전한 한 사람으로 진심을 다해 존중해주고 싶기 때문에 거리를 두는 것이라고 말해주면 좋다. 거리를 두고 따로 자는 것은 네가 싫어서가 아니라 오히려 너무 사랑하고 소중하기 때문에 존중하는 방법이라는 것을 잘 전달해줘야 한다.

연애를 시작한 아이, 어디까지 알려줘야 하나요?

"중학생 딸이 연애를 시작했습니다. 지금까지는 아무렇지 않게 저한테도 말하지만 표면적인 얘기만 하는 거 같아요. 아이의 연애에 대해 부모로서 어떤 이야기를 해줘야 할까요?"

많은 양육자가 아이가 연애를 시작하게 되면 걱정과 불안을 느낄 수밖에 없다. 또 최대한 연애를 늦게 하길 바라기도 한다.

아이의 연애에 대한 생각을 정리해야 한다

연애에 대해 아이와 대화하기 전, 본인의 생각을 정리하는 게 먼저다. 평소 아이의 연애에 대해 어떻게 생각했는지, 적절한 연애 시작 연령이 몇 살이라고 생각하는지 생각해볼 필요가 있다.

아이와 대화를 할 때는 아이가 연애를 결심하게 된 이유, 상대방이 좋은 이유, 연애를 할 때 하고 싶은 데이트, 연애를 하면서 꼭 지켜야 한다고 생각하는 규칙 같은 것들에 대해 대화하면 된다. 내 기준도 중요하지만 아이가 연애를 시작했다면 이제 와서 말릴 수는 없다. 그렇기 때문에 연애에 대한 아이의 준비 정도,

개념과 계획 정도를 파악하고 있는 것이 양육자에게는 최선이 될 수 있다. 그게 파악된다면 아이에게 혹여 문제가 생겨도 빠르게 개입할 수 있기 때문이다. 그리고 대화를 해보니 잘못되었거나 기준이 명확하지 않고 끌려간다는 느낌이 들 때는 대화를 통해 기준을 세우고 건강한 연애를 할 수 있도록 도와주자.

이왕 시작한 연애, 반대보다는 관심을

아이가 연애를 시작했다면 이제 그 관계에서 오는 많은 감정들과 상황들은 아이의 몫이다. 적어도 연애에 관해서는 아이 스스로 선택하고 책임져야 한다는 뜻이다. 그렇다고 해서 양육자가 아무것도 하지 않고 무관심하게 있을 수는 없다(그런 양육자도 없겠지만). 아이의 연애에 관심을 가지고 끊임없이 대화를 해야 한다. 걱정도 많이 되고 불안하고 못마땅할 수도 있지만, 이왕 시작한 연애라면 반대보다는 관심을 가져주는 것이 좋다.

반대하고 싫은 소리만 한다면 아이들은 연애를 포기하는 게 아니라 부모에게 거짓말을 하거나 속이고 자신의 사생활을 공유하고 싶지 않아 한다. 이게 바로 신뢰가 깨지는 시작점이 되는 것이다.

아이가 자랄수록 부모-자녀 간의 신뢰는 굉장히 중요한 요소다. 사랑하지만 신뢰할 수 없고, 신뢰하지 못하기 때문에 위험한 상황에 노출되어도 선뜻 부모에게 손 내밀 수 없게 되는 경우를 많이 봤다. 아이들이 도움이 필요한 간절한 순간에 바로 부모에게 도움을 요청할 수 있으려면 신뢰는 굉장히 중요한 요소다. 아이가 생각했을 때 비록 우리 엄마, 아빠는 내가 연애하는 것에 대해 걱정하고 불안해하지만, 혹시라도 내가 위험에 처했을 때 무조건 내 편인 사람으로 존재해야 한다.

청소년기 아이가 연애를 시작했다면 양육자는 아이와의 관계가 갈등으로 익숙해지지 않도록 많이 대화하고 아이의 연애에 관심을 가져야 한다. 아이가 연애에 대한 이야기를 할 때 불편하거나 부담스럽지 않도록 분위기를 만드는 게 관건이다. 아이의 이야기를 많이 들을수록 아이에 대한 정보가 쌓이는 것이다. 이 정보들이 있어야 아이를 보호할 수 있다는 사실을 잊지 말자.

성교육은 필수다

청소년기에 연애를 하다 보면 준비가 되지 않은 상태에서 의도치 않게 성행동을 하는 경우가 있다. 성행동뿐만 아니라 연애와 경계선에 대한 기준들이 없다면 아이들의 연애가 어떤 흐름으로 갈지 예측할 수 없기 때문에 아이가 연애를 하게 된 사실을 알았을 때 반드시 성교육을 시켜줘야 한다.

성교육을 통해 몸에 대한 이해, 성관계와 임신, 출산, 피임에 대한 지식 습득뿐만 아니라 연애에 대한 자신만의 정의와 기준 정하기, 연애 계획 세우기, 연애를 할 때 절대 양보할 수 없는 부분과 약속 정하기 등을 통해 자신의 가치관에 근거한 기준을 확고히 해야 쉽게 흔들리지 않을 수 있다.

아이가 임신을 했습니다 어떻게 해야 할까요?

"고등학교 1학년인 우리 아이가 임신을 했습니다. 자세한 이야기는 안 하는데 진짜 눈앞이 깜깜합니다. 어떻게 해결해야 할까요?"

통계청에 따르면 2019년 만19세 이하 산모의 출산 아동은 11,106명이라고 한다. 아이를 키우면서 정말 일어나지 않았으면 하는 일 중 하나는 계획 없는 임신일 것이다. 하지만 생각보다 10대 임신은 굉장히 많이 일어나고 있다.

아이를 안심시킬 것

드라마나 영화에서 보면 자녀의 임신을 알게 된 양육자 대부분은 소리를 지르면서 아이를 때리거나 울면서 한숨 쉬는 장면이 많이 연출된다. 실제로 10대 자녀가 임신하는 일이 발생했다면, 드라마나 영화보다 더하면 더했지 덜하진 않을 것이다.

비혼모 상담을 하면서 가장 안타까운 게, 임신 때문에 가족들에게 소외당하고 거부당한 아이들이 많다는 점이다. 임신을 했다는 사실을 부모에게 알리지 못해 숨길 수 있을 때까지 숨기다 만삭이 되어 가출한 아이들, 임신 사실을 알리자마자 폭력을 당하고 쫓겨나 길에서 며칠을 버티다 시설로 들어온 아이들, 임신 사실을 알리고 온 가족에게 차단당해 연락조차 할 수 없는 아이들 등등…… 이런 일들을 예상하기 때문에 아이들은 임신을 해도 쉽게 부모에게 그 사실을 전할 수 없다.

일단 아이가 임신을 했다는 사실을 알게 되면, 가장 중요한 건 아이를 안심시키는 일이다. 엄마, 아빠를 믿고 이야기해줘서 고맙다는 말부터 먼저 해주면 좋겠다. 혹시 아이가 숨기고 있는데 발견한 거라면 지금이라도 알게 되어서 다행이라고 해주면 아이가 조금은 안심이 될 수도 있다. 쉽지 않은 일이지만, 임신이라는 일을 경험하면서 누구보다 가장 놀란 사람은 당사자인 아이라는 것을 계속 떠올려주길 바란다.

아이가 어떤 상황이고 어떤 선택을 하든 그 옆에 늘 가족이 함께 있어줄 것이라는 믿음을 줄 수 있어야 한다. 그게 되어야 양육자와 아이가 깊게 생각하고 후회 없는 선택을 할 수 있다.

상황에 대한 체크

임신 사실을 알게 된 때에 대처를 잘했다면, 그다음 서둘러 해야 할 일은 아이의 건강상태를 체크하는 일이다. 임신 몇 주가 되었는지, 그동안 몸 관리를 어떻게 했는지, 혹시 부족하거나 개입해야 하는 처치는 없는지 병원에 가서 함께 확인하고 필요한 조치를 취하는 것이 좋다.

그다음에는 상황을 확인해야 한다. 아이 아빠는 누구인지, 아이 아빠도 알고 있는지, 그동안 어떤 대화들을 했는지 아이 아빠가 알고 있고 대면할 수 있다면 만나서 이 상황을 어떻게 생각하는지, 어떻게 해결하고자 하는지 아이들의 의견을 들어봐야 한다. 아이 아빠와 그 부모들이 함께 해결책을 찾기 위해 적극적인 태도를 보이면 다행이지만, 혹시 그렇지 않다면 양육자는 그들에게 이 상황에 개입해서 함께 해결하도록 주도적으로 요청해야 한다.

그런데 딸이 그쪽이 알기를 원치 않는다면, 그 부분에 대해서도 충분한 대화를 해보고 아이를 위해 어느 쪽이 맞는 방향인지 고심하고 선택해야 한다.

최선의 방향 찾기

부모 입장에서는 없던 일이 되는 게 가장 좋을 수 있지만, 임신한 아이가 원하는 방향과 다를 수 있다. 그럴 때는 아이가 원하는 방향에 대해 함께 고민해보고, 그렇게 했을 때 앞으로 감내해야 하는 일들, 현실적인 조언을 가감 없이 해주어야 한다. 그래서 아이가 어떤 쪽으로 결정을 내리든 스스로 책임지고 감당해낼 각오를 하도록 옆에서 힘을 주고 현실 감각을 키워줘야 한다.

부모로서 아이가 계획 없는 임신을 했다는 사실은 정말 하늘이 무너지고 심장이 내려앉은 일이다. 그러나 이미 일어난 일을 후회하거나 아이를 비난하고 다그치는 것은 상황 해결에 도움이 되지 않는다. 그렇기 때문에 아이가 지금이라도 현실을 제대로 직시하고 자신이 한 행동에 대해 피하거나 타인에게 의존하지 않고 스스로 책임지고 감내할 수 있도록 도와야 한다. 그 과정에서 그리고 앞으로의 아이 인생에서 변함없이 엄마, 아빠가 옆에 있을 것이라는 믿음은 꼭 붙잡고 갈 수 있어야 한다.

혹시 양육자가 아이에게 도움을 줄 수 없거나, 아이의 상황에 대해 다각적인 도움을 받고 싶다면, 관련 기관에 도움을 요청하는 것이 좋은 방법이 될 수 있다.

섹스가 뭐냐고 묻는 우리 아이

"6학년 아이가 섹스가 뭐냐고 물어봅니다. 두 사람이 사랑해서 안는 거라고 설명해줬더니 자기도 엄마를 사랑하니까 엄마랑 하고 싶다고 해요. 그런 게 아닌데 어떻게 설명해줘야 할지 제가 너무 준비가 안 되어 있어 당황스럽기만 하네요."

실제로 문의 전화가 와서 양육자 상담과 아이 개인 교육을 진행했던 경우다. 아이가 섹스가 뭐냐고 물어보는 상황에서 가장 먼저 드는 생각은 '어디서 저 단어를 들었을까? 뭐라고 말하지?'일 것이다.

양육자가 생각하는 성관계에 대해 생각해보자

아이들이 모르면 모르는 대로 성교육을 시키지 않고 최대한 버틴다고 해도, 요즘처럼 디지털 기기의 사용량이 늘고 현실과 인터넷의 경계가 모호해진 사회에서 아이들은 현실에서가 아니더라도 언제든지 성에 관한 단어나 상황들을 접할 수밖에 없다. 아이가 성관계 혹은 섹스가 뭐냐고 묻는다면 가장 먼저 해야 할 일은 양육자 본인이 성관계 혹은 섹스에 대해 어떻게 생각하는지를 고민하는 것이다.

아이가 묻기 전에, 양육자가 되기 전에, 더 욕심 부리자면 성인이 되면서 자신만의 정의와 기준이 내려져 있다면 참 좋겠지만, 지금 양육자의 연령대 대부분은 한 번도 생각해보지 못한 질문일 수 있다. 성관계 혹은 섹스라는 단어 자체가 민망하거나 저질스러운 단어라서가 아니라 양육자가 그 단어들에 대해 깊게 생각해본 적 없기 때문에 어떻게 말해줘야 할지 몰라서 순간적인 혼란에서 오는 당황스러움, 불쾌감을 느끼는 것일 수도 있다.

성관계, 섹스에 대한 이해와 패러다임을 다시 설정하자

아이들에게 잘 설명해주기 위해서 성관계와 섹스에 대해 다시 이해할 필요가 있다. 그를 위해 두 가지를 짚어봐야 한다.

첫째, 섹스의 정확한 뜻을 알아야 아이에게 설명할 수 있다.

섹스란 뭘까? 섹스는 'Sex'로 보통 '성관계'로 많이 알고 있지만, '성별'이라는 뜻으로 더 많이 쓰인다. 만약 가까운 곳에 여권이 있다면 얼른 여권을 꺼내보기 바란다. '성별'이라는 항목 옆에 떡하니 'Sex'라고 쓰여 있는 단어가 보일 것이다.

거기에 그 누구도 자신의 성관계 경험의 유무를 쓰지는 않는다. 'Sex'는 영어권 나라에서 '성별'이라는 뜻으로 서류나 일상생활에서 많이 쓰는 단어다. 여기까지 아이에게 설명했다면 거의 성공에 가까워졌다.

둘째, 성관계는 무엇을 위해 하는 것인가?

섹스는 두 번째로 '성관계'라는 의미로 쓰인다. 많은 양육자들이 아직도 성관계는 아기를 갖기 위해 하는 것이라고 설명하는 경우가 많다. 그런데 21세기에 성관계는 아기를 갖기 위한 목적이라고만 보기에는 뭔가 딱 떨어지지 않는다. 어딘가 잘못되었다기보다는 임신을 위해 하는 것이라고 성관계를 설명하고 나면 성인이 된 자녀에게 성관계에 대한 부가 설명을 할 때 꼬인 실을 풀면서 설명해야 하기 때문에 산 너머 산이 될 수 있다.

옛날 농경사회처럼 자식이 곧 재산인 시절이라면 엄마의 인생 대부분이 아이 낳는 일에 할애되었겠지만 요즘 가정은 평균 한두 명 정도에서 그친다. 혹은 아예 자녀를 갖지 않고 사는 부부도 많다. 그러니 잘 생각해보면 성관계는 임신을 위해서라기보다는 사랑의 표현, 관계 유지, 의무감, 성적 쾌감을 위해 하는 경우가 훨씬 더 많다.

우리가 맺고 있는 다양한 관계마다 할 수 있는 행동과 없는 행동이 있는데 성관계는 부모-자식 간의 표현 방식에는 포함되지 않고, 연인이나 부부가 할 수 있는 표현 방식에 속한다. 성관계는 사랑하는 사람끼리 사랑을 표현하는 가장 강력한 방법이다. 서로가 원할 때 많은 준비와 대화를 하고 단둘이서만할 수 있는 아름답고 비밀스러운 일이다. 아기는 이러한 성관계를 하고 난 결과 생겨 나는 축복 같은 생명체다. 즉, 성관계는 사랑을 표현하는 가장 강력한 방법이고 아기를 얻는 방법이지만, 역으로 늘 임신의 가능성도 따라온다.

그렇기 때문에 성관계야말로 몸이 다 성장하고 진짜 사랑하는 사람이 생겨서 그 사람과 어떤 일이 생겨도 책임질 수 있는 상황이 왔을 때 서로 많이 공부하고 준비한 다음에 할 수 있는 행위임을 양육자가 먼저 인지하고 이를 바탕으로 아이에게 알려 줄 필요가 있다.

긍정적이지만 무게 있게 마무리하면 된다

임신을 위해서만 하는 것이라고 성관계를 이해하고 있는 대부분의 아이에게 "우리 부모님은 성관계를 할까?"라고 질문하면 "안 해요!"라고 이야기한다. 그런데 위와 같은 흐름으로 설명한다면 아이들은 "부모님은 부부고 사랑하는 사이이니까 할 수도 있을 것 같아요"라고 한다. 성은 너무 과하게 포장하면 아이에게 설명하기 점점 골치 아파진다. 또, 성은 우리의 일상에 늘 있는 것이기 때문에 있는 그대로, 그냥 담백하게 설명해주는 것이 가장 좋다.

그리고 설명이 다 끝나고 아이의 궁금증이 풀린 후에 "그런데 그런 단어는 어디에서 들었어?"라고 질문하며 아이가 섹스 혹은 성관계라는 단어를 접하게 된 상황을 파악하고 개입해야 한다. 상담을 한 경험들을 봤을 때 아이들이 성과 관련된 단어를 가장 많이 접하게 되는 경우는 게임이나 인터넷, 그다음이 친구나 또래에게 들은 경우다.

특히 여자아이들은(본인이 인지하든 하지 못하든) 놀림의 대상, 성적인 대상으로 성과 관련된 단어나 상황들을 알게 되는 경우가 많아 각별히 신경 써야 한다. 어떤 상황에서, 누가, 왜, 그런 단어를 사용했는지, 그때 기분이 어땠는지, 그래서 뭐라고 대응했는지도 파악하고, 양육자가 개선할 수 있는 상황이라면 개입해주는 것이 좋다. 그리고 다음에도 그런 일이 생기면 아이가 배운 대로 설명하고 당당하게 대응할 수 있도록 그런 상황에서 언쟁하는 것은 충분히 필요한 것이라고 알려주면 된다.

성관계, 섹스는 나쁜 단어가 아니다. 그 단어를 보는 우리의 시각이 문제이며, 그런 어른들의 시각을 그대로 아이들이 가져다가 쓰고 있다. 그러니 아이가 섹스에 대해 궁금해한다면 진중하지만 긍정적으로, 정확하게 있는 그대로 이야기해주면 된다.

4장

성폭력, 누구도
예외가 될 수 없다

어린이집에서
팬티를 벗고 놀았대요

"6세 아이가 어린이집에서 남자 친구와 팬티를 벗고 놀았다고
합니다. 너무 놀랐는데 해맑게 웃으면서 말하는 아이를 보니
성폭력인지 아닌지, 어떻게 대처해야 하는지 혼란스럽네요."

어린이집에서는 다양한 일들이 일어나는데, 최근에는 성적인 행동과 관련된 사례도 자주 보고된다. 이때 양육자는 아이들의 연령도 낮고 적극적으로 대처하기에는 모호한 부분이 많아서 혼란스러워하는 경우가 많다.

아이들은 왜 이런 놀이를 하는 걸까

아이들의 이런 행동은 '성적 놀이'라고 표현한다. 4~6세 정도의 아이들은 자신의 몸에 관심이 생기고 자기 몸을 관찰하고 만지면서 자기 몸에 대해 알아가는 발달과정에 있기 때문에 자위를 하기도 한다. 그리고 다른 사람의 몸에 대해서도 관심을 가지는데, 특히 성정체성의 개념이 생기면서 남자와 여자의 다른 점을 알게 된다. 그래서 이성 친구가 소변볼 때 따라가서 빤히 보

기도 하고 병원 놀이를 한다면서 환자라고 옷을 벗거나, 친구와 소꿉놀이를 하면서 껴안고 누워 있는 놀이를 하기도 한다.

이럴 때 아이들은 단순히 놀이로 생각하기 때문에 어른들이 생각하는 것처럼 성적으로 치우쳐서 의도를 가지고 하는 행동이 아님을 기억해야 한다. 이때는 몇 가지 단계를 차근차근 밟으면서 아이들에게 자연스럽게 개입하는 게 좋다.

1단계: 감정 잘 추스르기

아이가 어린이집에서 남자아이와 팬티를 벗고 놀았다는 이야기를 했다면, 듣는 순간 너무 놀라서 눈이 커지고 목소리가 커지면서 아이에게 왜, 어째서, 어떻게 하다가 그런 놀이를 하게 되었는지 묻게 된다. 이때 아이는 엄마나 아빠의 표정과 큰 목소리를 들으며 본인이 뭔가 잘못했다는 것을 직감한다. 친구와 놀이를 한 것 때문에 엄마, 아빠는 화가 났고 그걸 아이 입장에서 막을 수는 없다고 생각한다.

이런 상황에서 아이가 할 수 있는 일은 아무것도 아니라며 과하게 밝게 이야기하거나, 엄마의 감정을 살피는 일일 것이다. 이렇게 되면 상황에 대한 정확한 파악이 어렵고 당연히 해결하는 것도 어려워진다. 그러니 아이가 다쳐서 급박한 상황이 아니라면 잠시 감정을 추스를 시간을 가진 후에 아이와 대화하는 것이 좋다.

2단계: 아이의 반응 살피기

아이와 차분하게 대화할 수 있는 상태가 되면 아이에게 그 상황에 대해 설명해달라고 하고 아이의 기분을 물어봐야 한다. 일의 정황이 명확하지 않고 어떻게 대처해야 할지가 고민되는 상황이라면 아이들끼리 있었던 일이 성폭력인지 성적 놀이인지를 판단하는 기준은 아이의 반응이다(성폭력은 성적자기결정권을 침해하는 것이기 때문에 피해를 당한 사람이 어떻게 그 상황을 느끼고 받아들이고 있는지가 중요한 기준이 된다).

아이가 친구와 놀았던 것에 대해 이야기하며 부정적인 감정을 표현한다면 더 자세히 들어봐야 한다. 어째서 그런 놀이를 하게 되었는지, 아이도 함께 놀고 싶어서 같이 한 건지에 대해 질문해야 한다. 만약 아이가 굉장히 기분이 나빴고 그때가 계속 떠오르듯이 반복해서 말한다면 폭력의 선에서 봐야 할 가능성도 있다. 그런데 아이가 아무렇지 않게 놀이를 한 거라고 말하고 금세 잊어버린다면 폭력의 선에서 보기보다는 놀이의 규칙에 대해 잘 몰라서 그런 거라고 보고 그것에 대한 지도를 해야 한다.

한 가지 덧붙이자면, 아이가 어떻게 받아들이는지가 이 일에 개입하는 방향을 결정하는 가장 중요한 요소인 것은 분명하지만 상황을 판단할 때는 어린이집 선생님의 관점, 상대방 아이의 관점 등을 다양하게 체크하는 것도 필요하다.

3단계: 아이의 반응에 따라 상황을 이해하고 대처하기

이런 상황에서 양육자와 교사가 어떤 반응을 보이고 어떻게 해결하는지는 아이들에게 굉장히 큰 영향을 미친다.

아이 스스로 성폭력이 아니라고 생각하고 있을 때 양육자나 교사가 그 일을 성폭력 사건으로 접근하고 해결한다면 아이는 본인이 경험하는 것보다 훨씬 더 많은 것을 감당해야 하는 동시에 평생 성폭력 피해자로 살아가게 된다. 성폭력 피해자가 나쁘다는 것이 아니라 '피해자'로 살아가는 것은 분명히 힘든 부분이 있기 때문이다. 아이가 스스로 성폭력이 아니라고 생각하는 경우에는 판단력이 없어서 폭력으로 인지하지 못할 가능성도 있기 때문에 시간을 두고 살펴봐야 한다. 어떤 경우는 아이가 몇 주 또는 몇 달 뒤에 다시 떠올리며 힘들어하는 경우도 있으므로 시간을 두고 유의미한 신호를 살펴보는 것이 좋다.

반대로 아이가 강한 불쾌감을 표현하는데 양육자나 교사가 "○○가 너 좋아해서 같이 놀자고 그런 거야~"라는 식으로 넘기거나 친구랑 놀다 보면 그럴 수도 있다는 식으로 넘기면 아이는 자기가 위험에 처했을 때 가장 믿었던 사람마저 도와주지 않는 경험을 하게 된다. 실제로 연령 상관없이 성폭력 피해자들이 가장 상처를 받는 일은 가족이나 믿었던 사람이 그 일을 폭력으로 인정해주지 않는 것이라고 한다.

4단계: 적극적으로 개입하기

아이의 반응과 상황을 살펴본 후 이 상황에 어떻게 대처할지 결정했다면 이제는 적극적으로 대처하는 일만 남았다.

만약 놀이라고 판단된다면 놀이의 규칙을 다시 알려줘야 한다. 옷을 벗는 것은 진짜 병원에 갔을 때만 그러는 것이고 놀이를 할 때는 옷을 벗고 하는 게 아니라는 점, 놀이를 할 때도 서로 만지거나 보지 않아야 하는 몸의 부위가 있다는 점 등을 알려주면서 지켜야 하는 것들에 대해 일러준다. 또 이때는 자신과 친구들의 몸에 대해 관심이 많은 시기이기 때문에 성교육을 시켜주는 것이 상황이 반복되는 것을 예방하는 데 도움이 된다.

만약 반대로 성폭력으로 판단된다면 아이가 원하는 해결책을 들어보고 최대한 반영해주는 것이 좋다. 아이들의 연령이 높거나 누가 봐도 여러 번 일부러, 일방적으로 그랬다면 법적인 대처도 생각해야 하지만, 유아끼리 일어났던 상황이면 법적으로 행위자를 처벌하기보다는 아이들이 다시는 그렇게 하지 않도록 훈육하는 것을 목표로 한다.

원활한 훈육을 위해서는 상대 아이의 양육자와 머리를 맞대어 의논하고 대화해야 하며, 만약 성폭력이라면 반드시 심리치료를 병행해야 한다. 이 부분에서 많은 양육자들이 간과하고 있는 것은 양육자들의 심리치료다. 아이에게 무슨 일이 생기면 아이의 회복을 위해서는 최선을 다하지만 정작 양육자들의 회복을 위해서는 어떠한 것도 하지 않고 있다가 뒤늦게 그 기억에서 벗어나지 못해 아이의 회복을 방해하거나 아이를 더 힘들게 하는 경우가 있다.

아이를 목숨보다 더 아끼는 양육자에게 아이한테 일어나는 좋지 않은 경험들은 아이가 느끼는 것보다 더 힘든 일일 수 있다. 그렇기에 양육자의 회복을 위해, 또 아이의 회복을 위해 모두가 심리치료를 받는 것을 추천한다. 아이들은 언어적 치료의 한계가 있기 때문에 놀이치료나 미술치료, 음악치료와 같은 매체를 이용한 심리치료를 하는 것이 더 도움이 될 수 있다.

만약 우리 아이가 먼저 놀이를 제안한 입장이라면

만약 우리 아이가 먼저 놀이를 제안한 입장이라고 한다면 당황스러움 그 이상의 감정이 느껴질 수 있다. 이런 경우 양육자의 목표는 아이를 혼내는 게 아니라 다시는 그런 행동을 하지 않도록 하는 것이다. 그러기 위해서는 아이가 놀이를 하면서 해도 되는 것과 하지 않아야 하는 것을 알고 규칙을 잘 지키도록 훈육하는 것이 중요하다.

또, 나의 몸을 함부로 보여주거나 만지게 하지 않는 것처럼 친구의 몸도 함부로 만지거나 보여주지 않아야 한다는 것을 알려주고, 무엇이 잘못된 행동인지 생각할 수 있도록 기다려줘야 한다. 아이가 잘못된 것을 알게 되었다면 친구에게 사과하는 용기를 불어넣어주고 아이가 진심으로 사과하고 용서받을 수 있는 기회를 주는 게 좋다.

교실에서 남학생들이
성적인 농담을 한다고 합니다

"초등학교 4학년 딸아이가 학교 남학생들이 섹스, 고자 같은
말을 섞어 농담을 한다며 기분 나빠합니다. 이럴 때는 아이에
게 어떻게 대처하라고 말해주는 게 좋을까요?"

　　　　　　　　　　　　　　　　　　　소그룹 성교육을 갔
을 때, 4학년 여자아이가 학교에서 같은 반 남자아이들이 하는
농담이 성적인 건지 모르다가 다른 친구를 통해 그 뜻을 알고 난
후부터 불쾌감과 수치심을 느꼈다는 이야기를 들은 적이 있었
다. 아이가 집에 와서 어떻게 하면 좋을지, 너무 듣기 싫은데 뭐
라고 말해야 할지 모르겠다고 하는데 양육자도 어떻게 해야 할
지 몰라서 은근슬쩍 넘겨버렸다고 했다.

폭력과 장난의 경계를 알려준다

　　요즘에는 초등학교 고학년만 되어도 아이들이 미디어를 통해
접하는 게 많아 성적인 농담을 장난스럽게 한다. 그러다 보니 원
치 않는 아이들도 학교나 학원에서 또래에 의해 성적 농담에 노
출되는 경우가 있다. 이럴 경우 아이가 집에 와서 그 말이 기분

나쁘고 듣기 싫었다고 하지만, 양육자는 어떻게 대처하라고 해야 할지 몰라 곤란해하는 경우가 많다.

이럴 땐 장난과 폭력의 경계에 대해 생각해보게 하는 것이 도움이 된다. 장난은 함께 즐거워야 하는 것이고, 어느 누구라도 불편해하거나 싫은 기분이 들면 그것은 더 이상 장난이 될 수 없다고 분명히 말해주자. 아이 입장에서 그런 농담이 장난으로 느껴졌는지, 함께 웃으며 즐거워했던 말들인지 생각해보게 하면 그것이 장난인지 폭력인지 쉽게 판단할 수 있다.

또 처음에는 장난으로 시작했던 말이나 행동도 하는 도중에 누군가 불쾌했다면 그 즉시 멈추어야 한다는 사실도 알려주어야 한다. 상대가 거절의 의사를 밝혔는데도 그 행동을 멈추지 않으면 폭력이 될 수 있음을 알려주면 좋다.

아이의 권리에 타당성을 붙여주자

친구들의 장난에 불쾌했다면 누구든 그 장난을 멈추라고 말할 권리가 있다. 그리고 누군가가 멈추라고 분명히 이야기하는 것이 분위기를 바꾸는 데 큰 영향을 미친다. 우리 딸에게 그런 권리가 있음을 알려주어야 한다. 아이가 다른 친구의 장난을 멈추라고 이야기했다면 양육자나 선생님이 그 행동에 대해 당연한 것이라고, 잘했다고 피드백을 주는 것이 좋다. 그런 경험으로 인해 아이는 자기 목소리를 낼 수 있는 아이로 자랄 수 있다.

우리 사회는 여성들이 적극적인 동의의 표현이나 명확한 거절의 의사를 전달하는 것이 여전히 쉽지 않다. 딸들에게 당당하고 평등한 존재로서 자기 목소리를 내며 살라고 아무리 말해주어도 학교나 사회에 남아 있는 성별의 경계가 여전히 존재하기 때문이다. 이런 경계의 연장선에서 우리 아이들이 자라게 놔둔다면 자신의 권리를 주장하지 못하고 싫어도 좋은 척, 좋아도 싫은 척하는 여성으로 자라게 될지도 모른다.

따라서 양육자를 포함한 어른들은 아이가 자신의 감정을 솔직하게 표현하고, 좋은 것에는 적극적 동의를, 싫은 것에는 명확한 거절의 의사를 전달할 수 있도록 키우는 데 좀 더 관심을 기울일 필요가 있다. 무엇보다 부당하거나 불쾌하다고 생각하는 것에 반응하는 것은 아이의 권리이고, 그게 절대 잘못된 게 아니라 오히려 당연한 것임을 분명히 알려주자.

담당 교사에게 도움을 요청하라

아이들이 집에 가서 학교에서 있었던 이야기를 했을 때, 양육자가 다짜고짜 선생님에게 전화를 해서 따지는 경우를 봤다. 어떤 양육자는 아이에게 이해하고 그냥 넘기라는 식으로 타이르기도 한다.

그러나 여기서 중요한 건 첫 번째는 공감, 두 번째는 해결책을 마련하는 점이다. 아이에게 상황을 판단하고 스스로 대처할 수 있는 힘의 바탕을 깔아주었다면, 그다음에는 학교 담당 교사와 손을 잡아야 한다. 단 이때 담당 교사에게 전화로 따지듯이 불만을 말하거나 그 아이를 혼내주라는 식의 접근은 좋은 방법이 아니다. 담당 교사와 손을 잡는다는 의미는 하루종일 아이들과 시간을 보내는 어른으로서 아이들의 대화를 조금 더 유심히 관심 있게 듣고 어른의 눈으로 봐주기를 부탁하라는 의미다. 또 혹시 아이들 중에 부적절한 언행을 한 친구가 있다면 시간을 가지고 그 언행이 왜 잘못되었는지, 반 전체가 부적절한 성적 농담을 하지 않으려면 다 함께 어떤 노력을 해야 하는지 아이들과 함께 소통해주길 부탁하는 것이다.

아무리 담임 교사일지라도 아이들 사이에서 일어나는 일을 모두 알고 있을 수는 없다. 그렇기에 더더욱 학부모가 알고 있는 사실이 있다면 언제든 교사에게 의논하고 협력해야 한다. 아이를 키우려면 온 마을이 필요하다고 했다. 청소년기의 아이들도 마찬가지다.

아이가 성폭력을 당한 것 같습니다

"초등학교 6학년 아이가 성폭력을 당한 것 같습니다. 어떻게 확인할 수 있는지 그리고 만약 아이가 정말 당했다면 어떻게 대처해야 하나요?"

아이에게 일어나는 성폭력 사건은 절대 상상하고 싶지도 않은 일일 것이다. 평생 절대 일어나지 않았으면 하는 일이지만, 살다 보면 내가 원치 않은 상황에 놓이거나 교통사고 피해자가 되는 것처럼 성폭력 사건도 원치 않게 일어난다.

성폭력에 대한 이해부터 하자

아이가 어떤 상황인지, 어떤 폭력에 노출되어 있고 적절한 대처법이 무엇인지 알기 위해서는 정확하게 아이가 무슨 사건에 노출되었는지 알아야 한다. 성폭력에는 성희롱, 성추행, 성폭행이 있고, 요즘 많이 일어나는 것으로는 디지털 성범죄와 데이트 성폭력이 있다.

직접적인 접촉이 없는 디지털 성범죄 같은 경우는 신체적 특징으로 나타나지 않을 수 있다. 그 외 성희롱, 성추행, 성폭행은 신체적 피해 특징을 동반할 수 있기 때문에 아이의 심리 상태와 신체 상태를 모두 체크하는 것이 필요하다.

특히 아이들이 피해자가 될 경우, 점진적이고 지속적으로 진행되는 경우가 많아 눈에 띄는 어떤 특징을 보이지 않는 경우도 있고, 스스로 피해를 당했다고 인지하지 못하는 경우도 많아 특징을 체크하기가 더 어려울 수 있다. 그렇기 때문에 아이와 대화를 많이 하고 평소에 아이에게 관심을 많이 갖는 게 중요하다.

아이의 피해 사실을 확인하자

아이가 성폭력 피해를 입었다면 평소보다 예민하거나 잘 놀랄 수 있다. 숨기는 게 많아지고 짜증을 쉽게 내기도 하고 연애나 성 관련 이야기가 나오면 평소보다 민감하게 반응할 수도 있다. 혹은 아무렇지 않아 보일 수도 있다. 오히려 평소보다 더 밝게 지낼 수도 있고 평소와 전혀 다르지 않을 수도 있다. 양육자 입장에서 아이가 달라진 부분이 있으면 '뭔가 이상한데?'라고 촉을 세울 수 있지만, 아이가 아무렇지 않게 행동한다면 나중에 피해 사실을 알게 되었을 때 더 속상해하며 아이를 다그칠 수 있다. 그러나 성폭력 피해를 경험했다고 해서 모든 사람이 '피해자다움'에 부합하는 어떤 특징을 나타내는 것은 아니다.

아이의 몸을 살펴볼 수 있다면 씻을 때 성기 부분을 피한다든지, 따가워한다거나 아파할 수 있으니 이런 부분도 관찰해야 한다. 꼭 성기가 아니더라도 팬티에 평소보다 분비물이 많이 묻어 있거나 평소와 다른 점이 보이고 아이의 심리 상태와 함께 연결 되는 지점이 있다면 성폭력 피해 가능성을 열어두고 아이를 관찰하는 것이 좋다. 만약 아이가 많이 어리다면 손가락을 빨거나 잘 때 오줌을 싸거나 아무렇지 않게 성교(또는 구강성교)와 비슷한 행동을 한다거나 자위를 하게 될 수도 있다.

어느 정도 특징이 파악되었다면 아이에게 확인하자

아이에게 물어보기에 앞서 양육자가 마음을 단단히 먹고 아이가 하는 어떤 이야기에도 감정적으로 대처하지 않도록 다짐과 노력을 해야 한다. 아이의 피해가 사실로 확인되었을 때, 대부분의 양육자는 아이 앞에서 감정적으로 흔들리는 모습을 보인다. 그럴 때 아이가 느낄 불안이나 죄책감은 되돌릴 수 없기 때문에 이 부분을 굉장히 신경 써야 한다.

또, 속상한 마음에 아이를 붙잡고 울거나 아이에게 왜 진작 말하지 않았냐며 다그치는 일도 절대 금물이다. 보호자의 이런 태도는 아이로 하여금 절벽 위에 홀로 내몰린 듯한 느낌을 받게 할 뿐 아니라 성폭력을 당한 일이 모두 자기 잘못이라고 생각하게 만들 수 있다.

아이의 이야기를 듣고 나면 아이가 그동안 얼마나 힘들었을지 공감해주고 이제라도 말해주어 고맙다고 이야기해주자. 혼자 괴로운 일을 감당할 수밖에 없었던 아이에게 양육자의 공감과

위로는 마음을 놓이게 하는 아주 큰 힘이 된다. 그리고 무엇보다 이 일은 100퍼센트 가해자의 잘못이라는 점과 무슨 일이 있어도 아이가 원하는 방향으로 보호하고 돕겠다고 분명히 이야기해주는 것이 좋다.

해결책 찾는 방법

요즘에는 성폭력에 포함되는 행위들이 굉장히 많고, 특히 아동 청소년이 피해를 당했다면 처벌할 수 있는 법도 강화되었기 때문에 아이가 어떤 상황이든 피해자가 되었다면 적극적으로 대처하는 것이 필요하다.

성폭력 사건에서 가장 중요한 것은 증거를 수집하는 일이다. 증거가 있어야 처벌이 가능한 경우가 대부분이고, 억울한 일이 있어도 증거가 없으면 성폭력 사건으로 신고하는 것 자체가 힘든 경우도 있으므로 증거 찾는 일에 집중해야 한다. 어떤 것이 의미 있는 증거가 될 수 있을지, 어떤 방법으로 증거를 찾을 수 있는지 알려면 법조인의 도움을 받는 것이 좋다.

성폭력상담소 등 관련 기관을 찾아(73쪽 참조) 전문 상담사의 도움을 받는 것도 추천한다. 전문가들은 사건 해결을 도와줄 뿐 아니라 아이가 신체적 피해를 입었을 경우 의료 지원을 받을 수 있도록 연계해준다.

심리치료 받기

전문 기관에서 지원하는 것 중 심리치료가 있다. 전문 상담사들이 놀이치료, 미술치료, 음악치료 등 다양한 방법으로 아이의 회복을 도와주므로 효과가 좋다.

여기에서 하나 기억해야 할 것은 아이의 회복만이 전부가 아니라는 것이다. 아이에게 무슨 일이 생겼다는 것은 양육자에게도 아주 큰 트라우마가 된다. 그리고 양육자가 가지게 되는 트라우마는 일상에서 아이에게 지속적으로 영향을 줄 수 있기 때문에 아이만 심리치료를 받는 것이 아니라 양육자도 심리치료를 받아야 한다. 그래야 양육자가 겪었던 트라우마가 치유되면서 아이의 치유를 위해 함께 힘을 낼 수 있다.

아이에게 성폭력 사건이 일어났다는 것은 양육자의 잘못도 아이의 잘못도 아니다. 일어나지 않았으면 좋았겠지만 교통사고처럼 우연히, 어쩌다 일어날 수 있는 일이기 때문에 양육자도 아이도 서로 자책하지 말고 빠른 회복을 위해 힘쓰는 일에만 집중해야 한다. 성폭력도 폭력이다. 다치면 상처를 치료하고 아물기 위해 약을 바르듯이 성폭력도 그런 과정이 필요하다.

아이가 SNS에서
남자와 성적인 농담을 주고받았어요

"중1인 딸이 SNS를 통해 어떤 남자애와 성적인 농담을 주고
받았습니다. 너무 충격적인데 어떻게 말을 꺼내야 할지 모르
겠습니다."

코로나19로 아이들
이 집에 있는 시간이 많아지면서 학습도, 놀이도, 친구도 온라인
을 통해 해결하는 일이 훨씬 늘어났다. 그러다 보니 온라인에서
성과 관련된 사건도 늘어났다. 성에 대한 호기심 해결이나 성행
동을 온라인에서 하는 사례가 점점 늘어나면서 양육자들의 고민
도 깊어지고 있다.

어떻게 알게 되었는지부터 설명하자

아이가 SNS를 통해 성적인 대화를 한다는 것을 어떻게 알게
되었는지가 가장 먼저 점검해야 할 사항이다. 아이가 SNS에서
낯선 남자와 성적인 농담을 주고받는다는 사실은 양육자 입장에
서는 굉장히 충격일 것이다. 그럼에도 불구하고 그런 상황에서
바로 개입하라는 답변을 해줄 수 없는 이유는 아이와의 신뢰를

지키면서 대화를 할 수 있느냐, 신뢰가 깨지고 대화도 멈추게 될 것이냐의 중요한 문제가 여기 있기 때문이다. 어떻게 이야기를 꺼내느냐에 따라서 상황 해결 과정의 난이도가 달라진다.

만약 아이가 켜놓고 간 컴퓨터를 통해 우연히 봤다면 이야기를 꺼내기가 훨씬 수월해진다. 적어도 엄마, 아빠가 몰래 아이의 물건을 뒤져보지는 않았으니 말이다. 그러나 아이가 자거나 다른 걸 하는 동안 엄마나 아빠가 몰래 아이의 휴대전화를 뒤져서 그 대화 내용을 알게 되었다면 이 부분에 대한 사과부터 해야 한다.

"요즘에 뉴스에 그런 내용이 너무 많이 나오는데 아이들이 막상 위험한 상황이 되어도 엄마, 아빠한테 도움을 청하지 못하는 경우가 많다고 하더라고. 그래서 걱정돼서 한번 확인해보려고 했는데 그런 메시지를 발견하게 됐어. 허락 없이 너의 물건에 손대고 뒤져본 건 정말로 미안해. 그런데 엄마, 아빠는 너의 보호자니까 이 부분에 대해 비밀로 하고 넘어갈 수가 없었어. 다시 한번 사과할게. 허락 없이 본 건 진심으로 미안해. 그렇지만 너와 이 일에 대해 솔직하게 이야기를 좀 했으면 해." 하는 식으로 이유를 말하고 사과를 한 후 원하는 방향을 제시하면 된다. 이 단계가 진행되어야 솔직한 대화로 넘어갈 수 있다.

상황에 맞게 개입하기

상황설명을 한 후 먼저 아이가 어떻게 SNS에서 친구를 사귀게 되었는지, 성 관련 대화는 언제부터 어떻게 하게 되었는지 물어봐야 한다. 아이는 아무 의미 없이 호기심에 한 일이지만 그것이 범죄와 연결된 일이 될 수도 있고, 아이가 이미 피해자임에도 불구하고 피해 사실을 인지하지 못하는 경우도 있기 때문에 천천히 자세히 상황 파악을 하는 것이 필요하다.

아이가 호기심에 했다거나 별 의미 없이 했다고 한다면 이런 대화들이 왜 위험한지에 대해 알려주면 된다. 예를 들어 성과 관련된 대화를 가지고 협박을 하거나, 편하게 대화하고 친하다고 생각했던 온라인 친구가 괴롭히거나 심지어 오프라인 삶에까지 나쁜 영향을 주었던 실제 사례를 알려주고 생각해보게 하는 게 필요하다(가끔 양육자 교육을 가면 그런 사례가 어디 있냐고 물어보는 분이 있는데, 사례는 인터넷 뉴스만 봐도 많이 나오기 때문에 찾기 쉽다).

아이의 이야기를 들었을 때 온라인 그루밍이나 가스라이팅이 진행되는 상황이거나 명확히 온라인상의 괴롭힘이나 성폭력임에도 불구하고 아이가 인지하지 못한다면 양육자의 설득이 필요하다. 아이가 적극적으로 가해자를 감싸거나 어떤 개입도 하지 말라고 막는 경우가 발생할 수 있다. 이것이 아동 청소년 온라인 그루밍 피해자의 특징이므로 이 부분에 대해서도 아이가 현실을 깨달을 수 있게 시간을 두고 대화를 많이 해야 한다.

양육자의 힘으로는 아이와의 대화가 힘들거나 더 깊은 개입이 필요하다면 성교육, 성폭력, 디지털 성폭력 전문가에게 도움을 요청하는 것이 좋다.

지속적인 관심과 대화는 필수

일어난 상황을 잘 대처하고 해결했다면 그 후에도 지속적인 관심과 충분한 대화가 필요하다. 아이가 온라인 세상에 의지하기보다 현실에서의 관계에 의지하고 집중할 수 있도록 해야 한다. 코로나19로 인해 친구를 만나기 어렵고 활동도 제한되는 만큼 가정에서 양육자가 아이와 많은 대화를 나누고 아이의 관심사를 함께 들어주면서 칭찬과 지지를 충분히 해주어야 한다.

또한 아이가 성에 관한 호기심을 인터넷이나 또래를 통해 잘못된 정보로 채우지 않도록 지속적인 성교육을 해야 한다. 특히 이런 경우 양육자보다는 성교육 전문가를 통한 교육 진행이 훨씬 효과적일 수 있다.

아이의 알몸 사진이
인터넷에 돌아다닙니다

"초등학교 5학년 아이가 채팅에서 만난 사람에게 알몸 사진을 보냈어요. 인터넷에 올라온 것까지 발견했습니다. 너무 놀라서 진정이 안 되는데, 어떻게 해야 하나요?"

최근 디지털 성범죄가 심해지면서 굉장히 자주 듣는 질문 중 하나다. 이와 더불어 '몸캠(영상통화로 음란한 행위를 하는 것)'을 빌미로 영상을 유포하겠다고 협박하며 금품을 갈취하는 범죄도 점점 기승을 부리고 있다.

아이가 낯선 사람에게 몸 사진을 보내 협박을 당하는 상황도 매우 분노할 일이나, 위 사례자처럼 몸 사진이 이미 인터넷에 퍼진 상황이라면 분노를 넘어서 하늘이 무너지는 것 같고 불안함에 어쩔 줄 모르는 마음이 들기도 한다.

상황을 먼저 파악하자

일단 일이 이렇게 돌아갔다면 사진이 어느 정도 유포되었는지, 보낸 사진이 몇 개나 되는지, 어느 정도 수위로 보냈는지 등 상황 파악을 빨리 해야 한다. 상황 파악이 되어야 어떻게 개입해야 할지가 보이기 때문이다.

벌어진 일을 제대로 알려면 아이에게 물어보는 것이 가장 정확하다. 그런데 너무 답답하고 화나는 마음을 담아 아이에게 감정을 그대로 표출하거나 아이를 비난하게 된다면 아이는 입을 닫을 것이고, 그렇게 되면 상황을 파악하는 것이 굉장히 힘들어진다. 따라서 아이를 비난하지 말고 아이와 힘을 합쳐 머리를 맞대는 것이 가장 빠르게 해야 할 일이다.

무조건 빨리 개입하라

디지털 성범죄 대처에서 가장 중요한 건 스피드다. 디지털 성범죄의 특성상, 인터넷에 한 번 유포되면 절대 모두 삭제할 수 없다. 아무리 삭제를 해도 언젠가는 다시 나오고 어디엔가는 있을 수밖에 없기 때문에 알자마자 바로 신고하고 개입해서 유포가 되기 전에 막는 게 최선의 방법이다.

만약 유포가 되었다고 해도 더 많은 곳에 복사되어서 올라가지 않도록 초기에 막아야 한다. 개입할 때는 개인적으로 움직이는 것보다 전문 기관(73쪽 참조)에 도움을 요청하는 것이 좋은데, 사설 기관은 믿을 수 있는 곳인지 파악이 잘 안 되기 때문에 공공기관으로 고려하는 것이 좋다.

특히 디지털 성범죄 관련 공공기관은 도움을 요청하면 법률 지원, 상담 지원, 삭제 지원까지 다 해주므로 해결 과정 전반에 도움을 받을 수 있다. 신고할 때는 처음 그 사람을 만난 시기와 경로, 사진을 보낸 시기, 인터넷에서 발견한 시기와 사이트를 기억해서 신고 내용으로 전달해주는 것이 좋다.

아이를 안심시켜라

이런 상황에서 양육자가 가장 많이 하는 실수가 상황에 대처하는 과정에서 아이를 비난하거나 혼내는 일이다. 생각해보면 아이의 잘못이 뭐가 있을까? 아이는 채팅에서 만난 사람과 친밀하다고 믿었기 때문에, 혹은 협박이나 그루밍, 가스라이팅을 당했기 때문에 사진을 보냈을 가능성이 높다. 그리고 그 전에 디지털에서 일어날 수 있는 성폭력에 대해 충분히 교육받지 못했기에 예상도 하지 못했던 것이다. 현실에서 아이가 맺는 대인 관계도 아이가 SNS에 빠져드는 데 영향을 주었을 수 있다.

오프라인에서 충분한 관심과 인정을 받지 못해 온라인 속의 관계에 의지했을지도 모른다. 어떤 경우든 아이의 잘못은 아니다. 아이가 그런 상황을 예측하고도 일부러 위험에 빠졌을 리가 없기 때문이다. 그러니 어느 방향에서도 아이가 비난받는 것은 부당하다. 오히려 양육자는 무슨 일이 있어도 최선을 다해 해결하고 보호해주겠다고 아이를 안심시켜야 한다.

상대방에게 사실 확인

채팅에서 만난 그 사람에게 받은 사진을 누구에게 공유하거나 인터넷에 올렸는지 물어봐야 한다. 사실을 이야기할 수도 있고 발뺌할 수도 있는데, 이 과정은 꼭 정확한 답을 들으려는 목적보다 절차의 한 부분이라고 생각하면 된다.

개인적으로 준 파일이 인터넷으로 퍼진 것은 분명 누군가 퍼뜨린 것이다. 상대방이 인정한다면 조금 더 빨리 유포 루트를 찾을 수 있고, 인정하지 않는다 해도 범인을 찾고 처벌해야 한다. 그 사람이 유포자가 아닐 수도 있지만 그래도 그 파일의 경로는 아이보다 상대방이 더 잘 알고 있을 테니 본인이 유포한 게 아니라면 진짜 범인을 찾을 수 있도록 도움을 요청하는 것도 방법이 될 수 있다. 물어볼 때는 혹시 모르니 녹취를 하고, 그 사람과의 대화 내용과 과거 대화 내용들도 있다면 삭제하지 말자. 가지고 있으면 증거로 사용할 수 있을 것이다.

적극적 해결

일단 어떤 상황이든 최선을 다해 적극적으로 해결해야 한다. 아이의 성교육과 심리치료도 병행하는 것이 좋다. 혹시 아이가 그루밍을 당한 것이라면 이 사건은 단순한 디지털 성폭력이 아니라 아이 입장에서는 믿었던 사람에게 배신당한 것으로 남을 수도 있기 때문에 마음을 치유하는 것이 굉장히 중요한 절차다. 이 일이 양육자에게도 충격적으로 남을 수 있기 때문에 양육자도 심리치료를 받는 것을 권유한다. 거듭 강조하지만, 양육자가 건강하게 회복해야 아이도 회복할 수 있다.

힘든 싸움이 될 수도 있다

인터넷에 한 번 유포된 사진이나 영상은 사실 완벽하게 삭제하기가 어렵다. 특히 유포된 지 오래되었다면 더 불가능한 이야기다. 그렇기에 이 상황을 해결하는 시간이 무척 길고 힘든 싸움이 될 수 있다. 그리고 충분한 증거가 없다면 최초 유포자를 찾는 것이 어려울 수도 있고, 또 최초 유포자를 찾아서 처벌한다고 해도 인터넷 안에 있는 불특정 다수가 퍼다 나른 것에 대해 다 처벌할 수 없기 때문에 좌절감을 느끼기도 한다.

무엇보다 가장 힘든 것은 그 사진을 본 누군가가 아이를 알아보거나 우리를 아는 사람들이 그 사진을 보면 어떻게 할까에 대한 불안일 것이다. 살아가는 동안에 최선을 다해 극복해도 문득문득 불안이 올라와 힘들어질 수도 있다. 그럴 때 불안을 줄이고 안정을 찾는 데 심리치료가 도움이 될 수 있다.

성폭력은 피해자임에도 불구하고 아무에게도 말하지 못하고 혼자 불안과 두려움을 감당해야 한다는 특징이 있다. 잘 모르는 사람들은 피해자를 비난하기도 하지만, 비난받을 일을 한 것이 아님을 아이와 가족들이 계속 새겨야 한다. 피해자의 잘못은 단 하나도 없다. 사람을 믿었고 친하다고 생각해서 그런 것이다. 상대방의 사악함을 예측하지 못했을 뿐이다. 그러니 힘든 싸움이 지속되더라도 스스로를 탓하지 말고 도움을 주는 사람들과 함께 힘을 보태 해결해 나가길 바란다.

딸이 SNS에서 만난 남자와 성관계를 했습니다

"중학생 딸이 SNS에서 만난 남자와 성관계를 했습니다. 진짜 눈물밖에 안 나네요. 어떻게 해야 되는 걸까요?"

SNS에서 친구를 사귀고 연애도 하는 아이들이 늘고 있다. 코로나19로 학교 가는 날이 줄어들면서 이런 경우가 더 많아지고 있으며, 그에 따르는 위험도 함께 증가하고 있다.

피임과 성병 확인이 먼저다

혹시 모를 일에 대비해 아이의 몸을 살피는 것이 가장 우선이다. 아이가 피임을 제대로 했는지, 임신 가능성이 없는지를 파악해야 한다. 아이에게 피임을 제대로 했는지 물어보는 것도 방법이지만 피임에 대해 잘 교육받은 아이가 아니라면 피임을 했는지 안 했는지도 모를 수 있고, 잘못된 피임 방법을 사용했을 수도 있다.

이럴 경우 아이 말만 믿고 기다렸다가 덜컥 임신이 될 수도 있으니 아이 말만 믿지 말고 임신테스트기를 사용해 임신 여부를 확인하는 것이 좋다. 또 성병에 대한 위험도 생각해야 한다. 어쨌거나 온라인에서 만난 사람이기 때문에 어떤 사람인지, 어떤 성생활을 했던 사람인지 잘 모르는 게 당연하다. 그렇기 때문에 성병 검사도 하는 것이 좋다. 병원에 가면 임신과 성병을 다 검사할 수 있으니 병원에 가서 진료를 받는 것이 제일 빠르고 정확한 방법이다.

상대방 정보를 확인한다

아이가 신체적으로 안전하다면 그다음에는 그 사람의 정보를 찾아야 한다. 황당한 이야기일 수 있지만 근처에 사는 또래 아이이고 둘이 비록 온라인에서 만났지만 실제로 만났을 때도 서로 호감을 가지고 성관계를 했다면 그리고 서로를 사귀는 사이라고 정의 내리고 있다면 둘은 교제를 하는 관계라고 볼 수도 있을 것이다. 그러니 아이에게 둘이 어떤 관계인지 물어봐야 한다. 만난 계기가 양육자 입장에서는 이해가 잘 안 될 수도 있지만, 아이들이 진지하게 만나고 있다면 사귀는 사이로 보고 이 상황을 해결해야 할 필요가 있다.

그런데 만약 성인 남성이거나 근처에 사는 또래 남자아이지만 서로 호감을 가지고 있는 것이 아니라 아이를 이용한 것이라면 범죄로 보고 개입해야 한다. 특히 성인 남성인 경우는 아무리 사랑한다고 우겨도 사랑하는 관계가 아닐 가능성이 압도적으로 높다. 그러니 상대방 정보와 우리 아이가 생각하는 관계, 상대방이 생각하는 관계의 정의를 파악하는 것이 필요하다.

상황에 따라 개입하자

만약 사귀는 사이라고 한다면 아이에게 연애할 때 조심해야 하는 것과 성관계를 위한 성교육이 필요하다. 성관계를 허용한다는 의미보다는 성관계를 할 때 얼마나 많은 것들을 생각하고 알고 있어야 하는지, 준비하고 확인할 것들이 얼마나 많은지를 알려주는 것이라고 보면 된다. 그리고 앞으로의 계획도 확실히 해야 한다. 사귀는 사이라면 계속 만나겠다는 뜻이고, 성관계를 한 번 했으면 이들은 만나는 동안 계속 성관계를 할 수 있다는 뜻이기도 하다. 그러니 추후에 만나는 동안 어떻게 피임을 하고 책임감 있는 행동을 할 것인가에 대해 명확하게 짚고 넘어가야 한다.

만약 성인 남성이거나 또래지만 우리 아이를 이용한 거라면 강경하게 대응해야 한다. 특히 성인 남성의 경우, 어떤 가능성을 연결지어 생각해봐도 그냥 넘어갈 수 없는 상황이다. 이럴 때는 신고하고 도움을 요청하는 것이 좋다.

다만 아이가 온라인 그루밍이나 가스라이팅을 당했다면, 강하게 대처하려는 양육자를 막는 사람이 우리 아이일 수 있다. 아이는 그걸 사랑이라 믿고 상대방이 곤란한 상황에 처하는 걸 원치 않는다고 하는 경우가 발생할 수 있기 때문에, 아이가 이 상황을 정확하게 인지하고 받아들일 수 있도록 계속 대화하고 돌보면서 강한 대처를 하는 것이 좋다.

이렇게 법적인 대응을 할 경우 혼자 힘으로 힘들 수도 있다. 그러니 전문 기관에 연락해 함께 해결해나가는 게 도움이 될 수 있다. (73쪽 참조)

학교 친구와
계약 스킨십을 했다고 합니다

"우리 아이가 같은 중학교 친구와 계약 스킨십을 했다고 합니다. 얼마 전에 서로 만지자고 약속한 후에 막상 만나서 하니 너무 놀라서 울면서 집에 들어왔네요. 뭐라고 이야기해줘야 할까요?"

예전에 아이들 사이에서 계약 스킨십이 유행한다는 이야기를 들은 적이 있었다. 아이들이 성폭력 예방 교육을 많이 받아서 대놓고 하지는 않지만 성적 호기심이 많은 아이들은 따로 성적인 대화를 나누는 경우도 있다. 그러다가 사귀는 사이가 아닌 친구 사이에 서로의 성적 호기심을 충족시킬 만한 협상을 하는 것이다.

아이의 마음에 공감하기

실제로 이런 사례를 상담한 적이 있는데 사귀지는 않고 같은 학교 친구 사이인 남자아이와 여자아이가 카톡으로 성적인 대화들을 주고받다가 궁금하니까 서로 만나서 한 번씩 만지기로 했던 것이다. 그런데 막상 만나서 만지고 보니 생각했던 그런 느낌도 아닐뿐더러 기분이 나빠진 상태에서 상대방이 한 번 더 만져보자고 했던 말 때문에 아이는 불쾌함과 성적 수치심, 후회와 두려움이 뒤범벅되어 놀랐고 집에 와서 방문을 걸어 잠그고 울기만 했다. 이 사건은 아이들의 계획대로 흘러가지 않고 아주 심각해져서 경찰 수사와 학폭위까지 열리게 되었다.

이런 경우에는 아이를 다그치거나 타박하지 말고 아이의 마음에 공감해줘야 한다. 아이가 많이 놀랐고, 자칫 잘못하면 성에 대해 안 좋은 기억을 가지고 살 수 있기 때문에 일단은 아이의 마음에 공감하고 아이를 진정시켜야 한다.

아이들이 사춘기 때 성적 호기심이 너무 넘치면 이렇게 무모한 방법으로 호기심을 해소하려 하기도 한다. 호기심을 다른 방법으로 풀었으면 좋았겠지만 해결할 곳이 얼마나 없었으면 친구랑 그런 계약을 하게 되었는지 상황에 대해 객관적으로 바라보는 것이 필요하다.

상황을 파악한 뒤 개입하자

아이가 어느 정도 진정되었으면 이제 상황 파악에 들어가야 한다. 처음에는 계약 스킨십으로 시작했더라도 상황이 어떻게 흘러갔느냐에 따라서 성폭력이 될 수도 있다. 그리고 법적인 관점에서 사건까지는 아니더라도 아이가 주관적으로 받아들이기에 폭력이라고 느낄 수도 있는 것이다.

아이가 진정되면 아이에게 어떻게 된 일인지 물어보고 상황을 정확하게 판단하는 것이 필요하다. 만약 호기심 때문에 합의하에 그랬고 폭력으로 넘어갈 정도는 아닌 상황이라면 그 상황도 그 나름대로 받아들이고 마무리하는 게 필요하다. 마무리할 때는 상황에 따라 상대방 아이를 함께 불러서 마무리할 수도 있고 우리 아이만 잘 타이르고 마무리할 수도 있으니 그건 상황과 필요성에 따라서 선택하면 된다.

성교육 또 성교육

양육자 입장에서는 미리 성교육을 잘 시켜줬다면 호기심 때문에 아이에게 상처가 되는 일이 일어나지 않았을지도 모른다는 생각에 후회와 자책이 클 것이다. 그러나 후회보다는 앞으로 어떻게 할지 생각하는 것이 훨씬 생산적이고 바람직한 일이다. 상황을 잘 마무리하고 아이의 마음이 진정되면 그때 필수적으로 성교육을 해주면 된다.

아이가 더 이상 호기심 때문에 위험한 선택을 하지 않고 궁금한 게 있으면 수업을 통해 알 수 있도록, 호기심을 건강한 방법으로 풀 수 있는 경로를 만들어주는 것이 필요하다. 그리고 아이의 마음이 진정되고 나면 아이도 이 상황을 객관적으로 볼 수 있게 되고, 한 번 경험했기 때문에 자신이 호기심을 풀려던 방법이 얼마나 미성숙했는지 깨닫게 된다. 그러면서 아이는 자신의 행동을 되돌아보고 앞으로 어떻게 자신의 성적 호기심을 컨트롤할 것인가를 연습하게 되는 기회로 삼으면 된다.

예방이 최선이다

이런 상황들은 단순히 청소년기의 성적 호기심 때문에 시작된 행동이지만 남자아이들은 이 행동이 시발점이 되어 호기심이 증폭될 수 있다. 그로 인해 순간적으로 넘지 말아야 할 선을 넘어 성폭력 가해자가 되기도 한다. 여자아이들은 호기심으로 해 본 일이 혹시라도 학교에 소문이 날까 봐 불안해하거나 예상치 못한 방향으로 흘러가 트라우마를 갖게 되기도 한다.

그러니 성적 호기심을 건강하지 않은 방법으로 푸는 것은 모든 아이들에게 좋지 않은 결과를 준다는 것을 양육자가 먼저 알고 아이들의 성적 호기심을 건강하게 풀어 이런 일이 생기지 않도록 도와주기 바란다.

딸아이가 친구의 몸을 찍어서
단톡방에 올렸습니다

"제 딸이 장난으로 다른 친구의 몸을 찍어서 단체 카톡방에
올렸다고 합니다. 그럴 의도는 아니었다고 난감해하는데 어떤
말을 해줘야 할까요?"

장난으로 시작했지
만 결국 폭력으로 끝나는 이런 사례들을 들을 때마다 진심으로
안타까운 마음이 생긴다. 나쁜 의도로 한 건 아니지만 누군가는
상처를 줬고 누군가는 상처를 받았으니 의도만으로 그냥 넘어갈
수 없는 일이 된 것이다.

아이가 이 상황을 어떻게 받아들이는가 체크하자

이런 상황에서는 아이가 이 상황을 어떻게 받아들이는지 먼
저 파악해야 한다. 의도치 않게 너무 큰 일이 되어 본인도 놀랐
을 수도 있고, 자기는 장난이라고 하면서 억울해할 수도 있다.
분명한 것은 아이가 이 상황을 폭력으로 받아들이지 않는다면
자신의 잘못을 깨닫기가 어렵다는 것이다. 아이가 이 상황을 어
떻게 받아들이는지, 그래서 아이가 이 상황에 대해 어떻게 처신

하고 싶어 하는지에 따라 해결하는 과정에서 굉장히 큰 차이가 날 수 있다. 아이가 그저 장난으로 대충 넘기려고 한다면 엄하게 혼내야 한다. 그리고 이 상황이 왜 웃고 넘길 수 없는 상황인지 알려줘야 한다.

친구 몸을 불법 촬영하고 그 촬영물을 동의 없이 유포하는 것은 범죄 행위다. 충분히 법적 처벌을 받을 수 있는 행동이라는 것을 알려줘야 한다. 또 학교 측의 처벌 또한 피할 수 없는 일이며, 이 일로 인해 학교를 옮겨야 하는 상황이 생길 수도 있는 아주 심각한 상황임을 알려주고 아이가 스스로 자신의 잘못을 깨달을 때까지 기다려줘야 한다.

아이의 입장과 마음을 확인하자

아이가 어떤 이유로 친구의 몸 사진을 찍어서 올리게 되었는지 파악하는 것도 필요하다. 아이가 어째서 친구의 몸을 찍었고 그걸 당사자에게 물어보지 않고 많은 사람에게 공유하게 됐는지 물어봐야 한다. 아이에게도 그럴 만한 사정이 있을 것이라는 마음으로 아이의 이야기를 차분히 들어줘야 한다.

아이의 입장을 충분히 들었다면 그 마음을 공감해주되, 아이의 행동 중에서 잘못된 부분을 명확하게 짚어줘야 한다. 특히 이런 상황이라면 아무리 사정이 있어도 하면 안 되는 행동을 한 것이고, 피해를 입은 친구에게 잊지 못할 상처를 줬다는 것을 알려줘야 한다.

다만 여기에서 조심할 부분은 아이의 행위와 아이의 존재를 분리해서 이야기해야 한다는 것이다. 즉, '나쁜 행동을 한 너는 나쁜 인간'이라는 느낌을 주면서 아이가 스스로를 미워하거나 자책하고 죄책감에 괴로워하도록 만들지 않아야 한다. 잘못은 잘못이고 아이는 아이다.

혹시 아이가 자책하고 자기 자신에 대한 분노를 느끼고 있다면 "그런 행동을 했다고 해서 너 자체가 나쁜 아이가 되는 것은 아니야. 그러나 네가 한 일에 대한 책임을 지지 않고 남 탓만 한다면 그건 정말 나쁜 거야. 엄마, 아빠는 네가 나쁜 아이라서 그런 행동을 했다고 생각하지 않고 너를 믿어. 그리고 너는 이 일을 잘 해결하고 친구한테 진심으로 용서를 구할 수 있을 거야. 엄마, 아빠가 옆에서 함께 해줄게"라고 이야기해주면 좋겠다.

피해를 당한 친구가 원하는 해결 방법으로

이런 경우는 명백한 잘못을 했기 때문에 피해를 당한 친구가 어떤 해결책을 원하는지 들어보는 것이 중요하다. 피해를 당한 친구가 너무 힘들어한다면 그 친구의 회복을 기다려주고 그 친구가 원하는 시기에 진심으로 사과하고 용서를 구해야 한다.

아이 스스로 어떻게 용서를 구할지 생각해보는 것도 도움이 되지만 무엇보다 중요한 것은 피해를 입은 그 친구의 입장이다. 아이가 피해를 당한 그 친구의 입장을 생각해보고 이해하고 배려할 수 있도록 양육자가 함께 도와줘야 한다.

5장

딸이 궁금해하는
성 궁금증 12

못생긴 제 음순,
남자 친구가 싫어하면 어떡하죠?

"고1입니다. 제 음순이 약간 늘어나고 거무스름한 거 같아요.
나중에 남자 친구랑 사귀어서 성관계를 하게 되거나 결혼한
후에 남편이 봤을 때 싫어하면 어떻게 하죠?"

가끔 중고등학생들
과 상담을 할 때 자신의 생식기가 너무 못생겨서 고민이라고 하
는 친구들이 있다. 실제로 이들 중 대부분은 평범한 범위에 들어
가는 생식기 모양을 가지고 있음에도 불구하고, 생식기 때문에
심각하게 고민하는 친구들을 종종 만나게 된다.

생식기도 개성

생식기는 우리 얼굴이 다 다르듯 사람마다 다 다르게 생겼다.
얼굴도 완벽히 똑같이 생긴 사람이 없듯이, 생식기도 마찬가지
다. 영국의 유명한 조각가인 제이미 맥카트니는 2011년 '성기로
만든 거대한 벽' 시리즈를 만들었다. 이 시리즈는 맥카트니가 5
년간 400명의 18~76세의 여성 성기를 작품으로 만든 것이다.
이렇듯 여성의 성기 모양은 예술의 모티브가 될 정도로 다양하

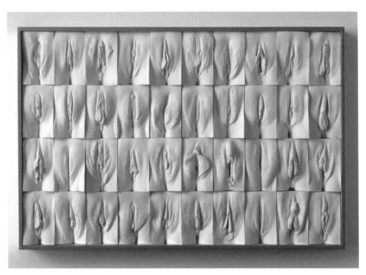

〈제이미 맥카트니, '성기로 만든 거대한 벽'〉 출처 : 위키트리

그러나 우리가 접하는 성교육 책이나 교과서에 나오는 성기의 모양은 딱 한 가지 모양으로만 나오기 때문에 그 모양과 다르게 생긴 자신의 생식기를 보고 당황하거나 걱정을 하게 되는 경우가 생기는 것이다.

단순히 성기 모양이 예쁜지 못생겼는지보다 중요한 것은 실생활에 지장을 줄 정도로 문제가 되는지 여부다. 예를 들어 음순 전체 혹은 한쪽 음순이 많이 늘어나 걸을 때 불편하고 통증을 유발하는 경우거나 기능상 문제를 유발한다면 의사와 상의해봐야 하겠지만 그 경우가 아니면 생김새가 문제될 건 없다.

파트너의 만족보다는 내가 먼저 만족하는 것이 중요하다

생식기가 못생겼다는 것에 대해 스트레스받으면서 어른이 되어 관계를 맺게 될 상대가 못생긴 생식기를 보고 싫어하면 어쩌지 고민하게 되는 건데, 여기에서 뻔한 이야기를 하자면 내가 예뻐하지 않는 내 생식기를 누군가가 더 사랑해준다는 것은 매우 어려운 일이다. 내가 스스로를 소중히 생각하고 존중하지 못하면 세상 누구도 나를 소중히 생각하고 존중해주지 못한다.

사회적으로 모두가 외모를 평가받는 시대에 살고 있다. 특히 여성들은 얼굴, 피부, 몸매, 패션이 다 중요하고 그것이 곧 자기 관리로 직결된다고 생각하는 등 외모가 여성이 가진 하나의 능력으로 여겨지는 경우가 많았다. 세월이 흐름에 따라 미의 기준은 달라지고, 그때마다 여성에게는 더 가혹한 미의 기준을 적용시켜온 것도 사실이다. 미스코리아, 수많은 지역 축제의 ○○아가씨 선발대회들이 여성을 평가하기 좋아하는 이 사회의 모습을 보여주는 단적인 예이며 이런 행사들은 여성의 외모를 평가하는 품평회라고 표현해도 과하지 않다. 누가 누구의 외모를 평가하고 순위를 매긴단 말인가.

이런 사회에서 내가 예쁘지 않으면 누군가에게 사랑받지 못할까 봐 걱정하는 것은 어쩌면 자연스러운 것인지도 모르겠다. 그러나 이제 벗어나야 한다. 외형적인 모습은 주관적이고 또 자기 스스로 만족하는 것이 중요하다.

만약 남자 친구를 사귀었는데 내 음순의 모습을 평가하는 남자라면 그 남자는 거르는 게 맞다. 소음순의 생김새도 평가하는데 얼굴, 몸매 평가는 더 쉽게 할 가능성이 높다. 다른 사람의 존재 가치, 소중함을 있는 그대로 느끼지 못하고 외모를 평가하고 아주 주관적 의견을 필터 없이 전하는 사람이라면 기본 개념도, 배려심도 없는 남자라고 판단하고 일찍 헤어지는 것이 좋다. 다시 한번 강조하지만 내가 내 몸을 있는 그대로 수용해주고 사랑해주는 것이 가장 중요하다.

생식기에서 냄새가 나는 거 같아요

"생식기에서 냄새가 나는 거 같아요. 부끄러워서 엄마한테 말할 수가 없어요. 가끔 가려울 때도 있는데 병원에 가야 하는 걸까요?"

생식기에 문제가 생겼을 때 여자들은 누구에게 말하기도 쉽지 않고 병원에 간다는 건 더욱 망설여지는 일이다.

원인을 찾는 게 우선이다

평소에 여성의 생식기는 약간 시큼한 냄새가 나기도 하고 별 냄새가 없는 경우도 있다. 그리고 월경주기에 따라서 분비물의 양이나 묽기, 냄새가 달라지기도 한다. 그런데 스스로 알아차릴 정도로 냄새가 나는 경우는 생식기에 염증이 생겼거나, 잘 씻지 않았거나, 그 외 건강상의 이유일 수 있다.

염증의 원인은 성관계로 인한 것뿐만 아니라 면역력이 떨어졌거나 항생제를 오래 복용했을 경우도 해당된다. 혹은 씻지 않은 손으로 생식기를 만졌을 때도 면역력이 약해진 상태에서는 질염에 걸릴 수 있다. 질염에 걸려서 냄새가 나거나 가려울 때는 분비물이 동반되는 경우가 많으니 주의 깊게 살펴봐야 한다.

여성은 생식기 구조상 소변을 보고 잘 닦지 않으면 팬티에 많이 묻게 되고, 팬티의 위생 상태가 좋지 않으면 염증을 일으킬 수도 있다. 그리고 매일 잘 씻고 속옷을 갈아입지 않으면 분비물과 소변 흔적들로 인해 냄새가 날 수 있다. 그 외에 건강상의 문제가 있을 때 생식기에도 영향을 미치는 경우가 있어 분비물로 인해 냄새가 날 수도 있다. 건강상의 이유는 그 질병을 치료하는 것이 필요하고, 위생관리는 매일 깨끗이 잘 씻으면 해결될 수 있다. 이 가운데 가장 신경 써야 하는 상황은 질염에 걸렸을 때다.

질염은 생식기가 걸리는 감기다

우리가 감기에 걸렸을 때는 내과나 이비인후과를 편하게 가는데 질염에 걸렸을 때는 산부인과에 가는 것이 쉽지 않다. 산부인과 자체의 문제가 아니라 사회적인 인식이 작용하는 탓이다. 산부인과는 결혼 또는 임신한 여성이 가는 곳이라고 생각하는 경향이 있다. 그래서 임신하지 않았거나 결혼하지 않은 여성들, 특히 미성년자가 가기에는 부적절한 곳이라 생각해 진료받기를 망설인다. 이런 맥락에서 부모님께 말씀드리는 게 더욱 쉽지 않다.

그러나 산부인과에 가는 것은 부끄러운 일이 아니다. 감기에 걸리면 병원에 가는 것처럼, 산부인과도 관련 부분이 불편하면 편하게 갈 수 있는 곳이다. 오히려 중학생 정도가 되면 잘 성장하고 있는지, 생식기 건강상태가 괜찮은지 체크하기 위해서라도 다녀야 하는 곳이다.

병원에 갈 때는 보호자와 함께

질염이 생기거나 산부인과에 가야겠다고 생각하면서도 선뜻 부모님께 말씀드리기 어려운 이유는 혹시라도 엄마, 아빠가 이상하게 생각할까 봐, 드러내기 어려운 부위라서, 말하기 민망해서일 수 있다. 그러나 산부인과는 다른 병원보다 병원비가 좀 비싼 편이기도 하고, 약복용이나 처치가 필요한 경우 보호자가 있어야 하는 상황이 생긴다. 그렇기 때문에 어렵더라도 부모님께, 아빠에게 말하기 불편하다면 엄마에게 이야기하는 것이 좋다.

생식기때문에 병원에 가보고 싶다고 말했을 때 엄마, 아빠가 너무 당황해한다면 산부인과에 가는 것은 이상한 일이 아니고, 생식기는 눈에 보이는 곳이 아니라서 불편한 게 있으면 빨리 병원에 가는 게 좋다는 것을 오히려 부모님께 설명해주면 된다.

초기에 체크하자

생식기는 눈에 보이는 곳이 아니고 염증에 걸렸을 경우 여자 생식기 구조상 증상이 밖으로 나오는 것이 아니라 안으로 점점 파고들기 때문에, 초기에는 별 것 아닌 질염이었지만 점점 요도염, 방광염, 자궁염, 난소염, 골반염까지 이르게 된다. 생식기 염증은 안으로 들어갈수록 치료가 어렵고, 제때 치료를 하지 않으면 평생 염증을 가지고 살거나 월경불순, 불임, 암을 유발하기도 한다. 그렇기 때문에 초기에 치료해서 더 큰 질병으로 발전시키지 않는 게 중요하며, 특별한 증상이 없어도 고등학생 정도가 되었다면 주기적으로 검진을 받는 것이 좋다.

생식기 관리법

생식기는 하루에 한 번 정도 잘 씻는 게 기본 관리다. 자기 전에 하루에 한 번 깨끗한 물로 씻고 팬티를 갈아입으면 되는데, 생식기를 씻을 때는 비누를 사용하지 않고 흐르는 물로 씻는 것이 가장 좋은데 항문 쪽은 세균이 있으므로 일주일에 1~2번은 비누로 씻는 것이 좋다. 여성의 질은 산성의 성질을 띠는데, 비누는 알칼리성이라 비누를 많이 사용하거나 너무 자주 씻으면 좋은 균들이 다 죽어서 오히려 질염이 생기기도 한다. 비누를 사용하지 않고 흐르는 물로 씻는 것이 가장 좋은데, 다만 항문 쪽은 세균이 많으므로 비누로 깨끗하게 씻어야 한다.

간혹 여성세정제 사용에 대한 질문을 받는데, 가장 좋은 것은 우리 몸이 알아서 균형을 잡도록 해주는 것이다. 세정제들은 화학성분이 들어간 게 많아 쓰지 않는 것이 좋다. 면역력과 건강관리만 잘해준다면 굳이 세정제까지 써서 생식기를 씻을 필요 없이 우리 몸이 알아서 균형을 잘 잡을 수 있다. 질 내의 균형이 잘 맞고 면역력을 높이면 생식기 냄새를 해결할 수 있으니 기본적인 위생 관리와 건강 관리를 잘하는 것이 중요하다.

남자 친구가 자꾸 몸 사진을
보내달라고 해요

"남자 친구가 자꾸 제 몸 사진을 보내달라고 해요. 만날 때는
장난식으로 가슴을 만지기도 하고요. 기분 나쁜데 남자 친구
라서 뭐라고 해야 할지 모르겠어요."

기분이 나쁘지만 남
자 친구에게 거절과 불쾌한 마음을 어떻게 전달해야 할지 몰라
서 고민을 하는 청소년들이 많은데, 결론부터 이야기하자면 이
것은 데이트 폭력이라고 볼 수 있다.

데이트 폭력이란 강력한 것만을 말하는 게 아니다

흔히 데이트 폭력을 욕이나 때리는 것처럼 엄청 공격적이고
폭력적인 행위로 상상하는데 그렇지 않다. 데이트 폭력의 범주
는 넓다. 사귀는 사이에서 한쪽이 불쾌하거나 괴로울 만한 언행
을 하는 것은 모두 데이트 폭력이 될 수 있다. 예를 들어 보자.

표현 1: "너 오늘 왜 이렇게 짧은 치마 입고 나왔어? 나 말고
다른 남자들이 네 다리 쳐다보는 거 싫단 말이야. 다

음부터 그런 옷 입지 마!"

표현 2: "너 왜 바지 입고 왔어? 너는 다리가 예쁘기 때문에 치
마 입어야 예뻐. 오빠는 네가 치마 입는 게 더 예쁘더
라. 다음부터는 나 만날 때 치마 입고 와. 알겠지?"

위와 같은 상황에 다음과 같이 생각하는 이들이 많을 것이다.

표현 1: '어머~ 내 남자 친구가 나를 너무 좋아해서 질투하는
구나. 질투 나지 않게 해야지. 나 걱정해서 그런 거니
까 다음엔 바지 입어야겠다.'

표현 2: '내 다리가 예쁘다고? 오빠는 치마 입는 걸 좋아하는
구나~ 오빠한테 예쁘게 보이고 싶으니까 다음에는 치
마 입고 나와야지.'

연애 초반에는 이런 잔소리가 기분 좋게 들리고 심지어는 설
레기까지 할 수 있다. 그런데 매번 옷차림을 지적하거나 점점 더
심해져서 옷차림 때문에 소리를 지르거나 의심을 하거나 때리려
한다면 생각이 완전 달라질 것이다. 남자 친구의 요구들이 아무
리 사소한 것이라도 내가 원하지 않는데 계속 요구하거나 과하
게 간섭하고 지적한다면 그것은 데이트 폭력의 시작이 될 수 있
으니 남자 친구의 언행을 잘 살펴야 한다.

어떤 핑계를 대더라도 헛소리

옷차림 지적, 대인관계 간섭, 휴대전화 비밀번호 공유 요구 같은 것들이 데이트 폭력의 시작이라면 만날 때마다 장난식으로 가슴을 만지거나 몸 사진을 요구하는 것은 데이트 폭력 중에서도 데이트 성폭력이라고 할 수 있다.

남자 친구가 어떤 이유를 대면서 요구한지 몰라도, 그냥 다 헛소리라고 생각하면 된다. '너를 사랑하기 때문에 계속 보고 싶어서', '네가 너무 섹시해서 혼자 간직하면서 보려고' 같은 이유를 말하더라도 절대 넘어가서는 안 된다. 진짜 사랑한다면 사랑하는 사람을 보호해주려 하지 위험에 빠뜨리려 하지 않는다.

사랑하기 때문에 계속 보고 싶으면 자주 만나면 되고, 못 만나면 영상통화라도 하면 된다. 섹시해서 혼자 간직하면서 본다는 건 더 말이 안 되는 소리다. 그런 말은 여자 친구를 성적인 대상으로 보고 도구로 사용하려는 것밖에 안 된다. 혹시라도 그의 말이 100퍼센트 진심으로 느껴지고 그가 나를 사랑한다는 확신이 있기 때문에 기꺼이 줄 수 있다고 생각하는 청소년들은 이 글을 보고 정신 차리기 바란다.

빨리 관계를 정리하라

이런 남자 친구는 하루 빨리 관계를 정리해야 한다. 시간을 끌면 사진을 요구하는 게 아니라 몰래 찍을 수도 있다.

애초에 여자 친구의 몸을 사진으로 찍어서 간직하고 싶다고 생각할 수 있는 사람이라면 그 요구가 받아들여지지 않았을 경우, 충분히 몰래 찍고도 남는다. 처음에는 전혀 그런 생각을 못하겠지만 이미 나를 성적 도구로 생각하게 된 이상, 욕구가 강해지면 몰래 찍어서 간직할 수도 있다. 이런 경우가 불법 촬영이 되는 것이다. '안 주면 그만이지, 겨우 이것 때문에 이별을 하라고?'라고 생각할 수도 있지만, 남자 친구는 최선을 다해서 신호를 보내줬다. '빨리 나에게서 도망쳐!'라고.

모든 사람이 의도하고 잘못을 저지르지는 않는다. 자기도 모르게, 의도치 않게 잘못을 저지르는 경우가 더 많다. 특히 이렇게 입 밖으로 몸 사진을 요구하는 경우에는 더더욱 자신이 무슨 요청을 하고 있는지, 이것이 데이트 폭력의 시작이라는 것을 모를 가능성이 높다. 그렇기 때문에 아는 사람이 이 고리를 끊어줘야 한다.

못 헤어지겠으면 힘을 길러라

만약 쉽게 관계가 끊어지지 않으면 연애에 대한 이야기를 평소 믿을 수 있는 친구나 어른들(부모님, 학교 선생님, 상담 선생님 등)에게 자주, 많이 하는 것이 좋다. 그래야 필요한 순간에 도움을 받을 수 있기 때문이다. 내가 남자 친구를 너무 좋아해서 이별을 말하기 어려울 수도 있고, 이런 상황이 폭력의 시작이라고 생각하지 못해서 말하기 어려울 수도 있다. 또, 다 이해하지만 남자 친구가 너무 좋아서 한 번 더 기회를 주고 싶을 수도 있다.

이별을 진행하지 못하는 이 모든 이유들에 대해 상담 선생님이나 친구들, 믿을 수 있는 어른들과 함께 충분한 이야기를 나누는 것이 도움이 될 수 있다. 주위 사람들과의 대화를 통해 힘을 키우고 용기가 생기면 이별을 통보하는 것도 하나의 방법이다.

멋진 연애만 하길

사랑하는 사람을 존중하고 보호해야 한다는 기본 개념이 없는 사람이랑은 엮이지 않는 게 좋다. 내가 몸 사진을 손수 찍어서 준다고 해도 그건 위험한 행동이라고 말할 수 있는 사람을 만났으면 좋겠다. 적어도 나를 사랑하는 사람이라면 어떤 언행이 나에게 불쾌하게 느껴질지, 상대방이 원하는 사랑의 방식이 뭔지 고민할 수 있는 사람이어야 한다.

어렵게 느껴질 수는 있지만 내 마음을 살피고 내 생각은 어떤지 물어볼 수 있는 배려가 장착된 사람과 만나 충분한 대화가 가능한 관계여야 한다. 그게 건강한 연애이고 연인 관계다.

나를 존중하고 보호해줄 수 있는 사람과의 연애, 그래서 서로 배려하고 성장할 수 있는 연인이 되는 것이 멋진 연애다. 하면서 기분 나쁘거나 불안한 연애를 하기에는 시간이 너무 아깝다. 세상에서 제일 소중하고 사랑스러운 내 존재에 걸맞은 멋진 누군가를 찾길 바란다.

남자 친구가 섹스하고 싶대요

"고등학교 1학년입니다. 남자 친구가 섹스하고 싶다고 해요.
호기심은 있는데 어떻게 해야 할지 모르겠어요. 섹스는 언제
하는 게 적당한 건가요?"

청소년기에 연애를
하다 보면 누군가를 좋아하는 감정을 느끼고 스킨십을 하게 되
기도 한다. 그때 나의 기대와 다르게 스킨십의 정도가 너무 강하
거나 약해서 고민되거나, 생각지도 못한 성관계를 고민하는 일
이 생길 수 있다.

어떻게 하고 싶어?

질문한 당사자에게 먼저 섹스를 하고 싶은지 물어보고 싶다.
남자 친구와 섹스하고 싶은지, 그렇지 않은지. 만약 망설여지거
나 뭐가 뭔지 잘 모르겠다는 느낌이 든다면 아직 준비가 안 된
상황이라고 보는 게 더 정확하다.

성관계를 하기 전에는 자기만의 기준이 세워져 있어야 한다.
어쩌다 보니 분위기에 휩쓸려서, 애인이 원하니까 헤어지고 싶지

않아서 하는 경우가 많은데, 성관계는 굉장히 의미 있는 일이고 그중 가장 먼저 하는 첫 성관계는 적어도 뭘 하는지는 알고, 준비된 상태에서 후회 없이, 최대한 안전하게 하는 것이 중요하다.

성관계하기 전 체크리스트

성관계를 하기 전에 체크해야 할 것들은 굉장히 많다. 이렇게 체크를 해도 예상하지 못한 일들이 생기기도 하지만, 그래도 위험과 후회, 불안과 두려움을 최소한으로 줄이기 위해 아래에 있는 체크리스트에 대해 생각해보고 파트너와 충분히 대화하자.

- 성관계할 정도로 상대방을 좋아하나요?
- 성관계를 하고 싶은 마음이 있나요?
- 성관계를 함께해도 될 정도로 상대방을 믿나요?
- 성관계를 하고 난 후에 느낄 수 있는 부담감이나 불안을 감당할 준비가 됐나요?
- 몸, 성병, 피임, 임신, 임신중단 등의 성 지식을 정확히 알고 있나요?
- 혹시 성관계에 대한 걱정이나 두려움이 있는지, 있다면 그것에 파트너와 함께 대화할 수 있나요?
- 다양한 피임 방법과 각각의 장점과 단점, 주의점과 부작용을 알고 있나요?
- 100퍼센트 안전한 피임 방법이 없음을 알고 혹시라도 임신

이 되었을 경우 도움을 청할 곳에 대한 정보가 있나요? 혹은 책임질 수 있는 준비가 되어 있나요? 임신에 대해 파트너와 충분히 상의할 수 있나요?

- 성관계와 관련해서 정보를 얻고 질문하거나 도움을 청할 수 있는 곳을 알고 있나요?
- 내 몸과 상대방의 몸의 컨디션, 건강상태를 잘 알고 있나요?

자신의 기준을 지켜라

만약 남자 친구의 성관계 제안에 본인도 하고 싶은 마음이 있다면 위에 있는 체크리스트 외에도 많은 고민을 해야 한다. 그리고 모든 것들에 대해 거리낌이 없을 때, 안전과 신뢰를 확보하고 성관계에 필요한 모든 준비를 끝냈을 때 성관계를 하는 것은 본인의 선택이니 잘못되었다고 비난할 일은 아니다.

그러나 남자 친구의 성관계 제안에 대해 아무리 생각해봐도 아직은 아니라고 생각되거나 이 사람은 아니라는 생각이 든다면, 혹은 그 외의 어떤 생각때문이라도 성관계에 대해 판단이 잘 서지 않는다면 하지 않아야 한다. 상대방의 요구 때문에 관계를 유지하고 싶어서 원하지도 않는 성관계를 하는 경우도 있지만, 그런 식의 성관계는 후회와 불안만 가져올 뿐이다. 그리고 가장 중요한 것은 그런 성관계를 하고 난 후에는 문제가 발생했을 때 파트너와 함께 문제를 해결해나갈 수 있는 가능성이 매우 낮다.

이번 기회에 진지하게 성관계에 대해 고민하고 '언제, 어디서,

누구와, 어떤 성관계를 할 것인가?'에 대한 기준을 세웠다면 이 기준을 늘 마음에 새기고 지켜나갔으면 한다.

물론 상황이나 상대방에 따라 이 기준이 바뀔 수도 있다. 그리고 바뀐 기준에 대한 후회나 망설임이 없다면 그것 또한 의미 있는 일이다. 그런데 혹시나 이런 기준을 이야기했을 때 그 기준을 받아들이지 못하고 자신의 욕구만 계속해서 어필하는 남자 친구라면 계속 만나야 하는지 생각해보기 바란다. 나의 기준을 버리면서까지 상대방의 기준에 맞춰줄 필요는 없다. 자신의 기준을 지키면서 안전하고 행복한 연애를 통해 성장하길 응원한다.

키스로도 성병에 걸릴 수 있나요?

"성병은 성관계를 통해서 걸리는 병이라고 알고 있는데, 어디서 보니까 키스로도 성병에 걸릴 수 있다고 하더라고요. 저 남자 친구랑 키스했는데 성병에 걸리는 건 아닐까 걱정돼요."

청소년이나 미혼인 사람들이 성관계를 했을 때 원치 않는 임신을 하면 인생이 달라진다는 식으로 이야기하는 것을 많이 들었을 것이다. 그러나 임신보다 더 위험한 게 성병일 수 있다.

성병에 대한 긴장이 필요하다

성병에 대해 잘 모르는 어른들도 많지만, 특히 청소년들이 성병에 대해 잘 모르는 이유는 청소년에게 성관계 자체를 못 하게 하는 분위기인 우리나라에서 청소년들에게 성병에 대해 교육을 해주는 경우가 드물기 때문이다. 그러나 임신보다는 성병이 더 위험할 수 있다. 왜냐하면 임신은 '피임'이라는 것으로 어느 정도 막을 수 있거나 혹시라도 피임을 하지 않았을 경우 임신의 가능성에 대해 추측해볼 수 있지만 성병은 예방할 수 있는 방법이 거의 없고 눈으로 확인할 수 없는 경우도 있기 때문이다. 게다가 성관계할 때를 생각해보면 "콘돔 끼고 해야 해"라는 말보다 "너 성병 없지? 검사해봤어?"라고 이야기하는 게 더 어렵다.

키스로 감염되는 성병들

키스로 감염되는 성병 중에는 다음과 같은 것들이 있다.

헤르페스

가장 대표적인 것이 헤르페스라는 성병이다. 얼마 전 유명 유튜버가 연인에게 헤르페스를 옮겨 이슈가 되었던 사건이 있었다. 안타까운 건 연인은 증상이 나타나기 전까지 전혀 알지 못했다는 사실이다. 헤르페스는 입 주위에 물집이 나는 것과 성기 주변에 물집이 나는 것으로 나눠진다. 면역력이 떨어진 상태에서 헤르페스에 걸려 있는 사람의 물집에 닿으면 감염될 수 있다.

이 성병이 위험한 이유는 완치되지 않기 때문에 한 번 걸리면 바이러스가 몸에 있다가 면역력이 떨어지게 되면 물집이 생기고 그때 상대방에게 바이러스를 전달하기 때문이다.

매독

매독 또한 키스로 감염될 수 있는 성병 중 하나인데 매독은 초기에 발견하고 치료받으면 완치될 수 있는 희망이 있지만 초기 증상이 약하게 나타나는 경우에는 증상을 놓치는 수가 있어 긴장해야 하는 성병이다. 매독의 경우 초기 증상을 놓치면 잠복기를 통해 몇 년간 몸 안에 있다가 점점 심해져서 실명, 전신 마비, 사망에까지 이를 수 있다.

HPV(인유두종바이러스)

HPV는 여자들에게 증상이 더 나타나는 성병인데, 키스를 통해 감염되더라도 증상이 거의 없기 때문에 잘 모르는 경우가 많다. 이 바이러스는 종류만도 200여 개가 되고 그중 고위험군에 속하는 바이러스는 성기 사마귀나 자궁경부암, 질암, 음경암, 항문암 등을 일으킬 수 있어 특히 위험하다.

HPV에 감염되면 인후암이나 뇌종양으로 발전될 수도 있기 때문에 조심해야 한다. 다만, HPV는 예방접종이 가능하고 정기 검진을 통해 체크할 수 있다.

에이즈

마지막으로 에이즈는 HIV라는 바이러스에 감염되었을 때 이 바이러스가 면역체계를 파괴하면서 생기는 병이다. HIV가 우리 몸에 들어온다고 해서 다 에이즈에 걸리는 것이 아니라 관리만 잘하면 에이즈로 발전하는 것을 막을 수 있다. 이 바이러스는 가벼운 입맞춤으로는 전염되지 않지만 입 안에 상처나 염증이 있는 상태에서 키스를 하면 위험할 수 있다

성병의 위험을 줄이는 세 가지 방법

성병에 걸리지 않은 사람과는 무슨 짓을 해도 성병에 감염되지 않는다. 그러나 성병을 가지고 있는 사람이라면 가벼운 입맞춤만으로도 성병에 걸릴 수 있다. 그러니 임신을 원하지 않는다면 피임이 당연하듯, 성병 감염을 원하지 않는다면 성병 감염을 막기 위해 최선을 다해야 한다.

다음은 예방을 위한 세 가지 방법이다.

첫째, 성병에 대해 공부해야 한다. 성병에 대해서는 유난히 공부를 잘 안 하는데, 성관계를 할 계획이 있거나 하고 있다면 성병에 대해서도 반드시 공부해야 한다.

둘째, 정기검진을 받는다. 성관계를 한 적이 있다면 검진을 받아야 하고, 혹시 파트너가 바뀌었다면 그때마다 성병 검사를 받는 것이 안전하다.

셋째, 파트너가 어떤 사람인지 확인할 수 없는 관계는 조심해야 한다. 평소 어떤 행동을 하는 사람인지, 성에 대해 건강한 개념들을 가지고 있는 사람인지, 성병과 임신의 가능성과 예방을 위해 공부하고 노력하는 사람인지 살펴보는 것은 내 안전을 위해 굉장히 중요하다.

안전하고 행복한 성관계를 위해서는 나의 안전을 최우선으로 해야 한다. 한 번의 성관계로 평생 성병을 가지고 살아야 한다면 그 얼마나 끔찍한 일일까. 성관계를 하기 전에 성병에 대해 관심을 가지고 공부하면서 자신을 보호하길 간절히 바란다.

친구가 낯선 어른과 만나 성관계를 하는데 어떡하죠?

"중학생인데 친구가 인터넷에서 알게 된 어떤 아저씨를 만나서 성관계를 한다고 했어요. 걱정돼서 말리고 싶은데 제가 뭘 할 수 있을까요?"

중학생을 만나는 아저씨놈(?)을 잡아야 하는데 중학생 친구가 옆에서 알고 걱정돼서 이렇게 질문을 하면 어른으로서 너무 마음이 아프고 부끄럽고 분노가 치민다.

당사자에게 이유 물어보기

친구에게 왜 그 아저씨를 만나는 것인지부터 물어보는 게 첫 번째 단계가 될 수 있다. 그 아저씨를 만나는 목적이 돈 때문인지, 아니면 사랑한다고 생각할 수도 있고, 말이 잘 통하고 이야기를 잘 들어줘서라고 할 수도 있다.

이유에 따라 하고 싶은 말이 다르겠지만 돈 때문이라면 굳이 목숨을 걸고 그렇게 성관계를 하면서 돈을 벌어야 하는지에 대해 진지하게 고민해봐야 한다. 그리고 돈을 받고 성관계를 하는 것은 성매매이기 때문에 법적으로도 금지된 행위고, 돈을 벌려고 하는 행동으로 인해 위험에 빠질 수도 있음을 알려주면 좋겠다.

아저씨와 사랑하는 사이라고 생각한다면 친구는 그루밍을 당했을 가능성이 있다. 그렇다면 빠져나오기가 좀 힘든데 진짜 사랑이 뭔지, 어른이 중학생과 사랑하는 것이 정상인 건지, 진짜 사랑이라고 해도 어른인데 중학생과 성관계를 하는 것이 너무 이기적이고 배려와 존중이 없는 태도가 아닌지 함께 생각해보는 게 도움이 된다.

말이 잘 통하고 이야기를 잘 들어줘서 만나는 거라고 한다면 이 친구는 많이 외롭고 대화할 상대가 필요한 것이다. 그러니 믿을 수 있는 주위 친구들이나 어른들 중에서 함께 대화 상대를 찾아주고 서로 의지할 수 있는 존재가 되면 좋을 것이다.

위험한 상황에 대해 함께 이야기하자

친구에게 진심으로 걱정되고 안 했으면 좋겠다고 이야기하는데도 불구하고 친구가 계속 만나러 간다면 위험한 여러 가지 상황에 대해 함께 이야기하는 것이 도움이 될 수 있다. 위험한 상황은 뉴스나 영상을 통해서도 충분히 찾을 수 있는데, 인터넷을 통해 알게 된 성인 남자를 실제로 만날 경우, 협박이나 폭언, 성관계를 했으니 임신이나 성병, 심각한 경우에는 목숨이 위험할 정도의 폭력이나 심지어 살인까지도 일어날 수 있다는 점을 알려주자.

이런 뉴스에 나오는 일들을 보면서도 '내가 만나는 아저씨는 그런 사람이 아니야', '나에게는 일어나지 않을 일이야'라고 생각하는 청소년들이 많다. 그러나 폭력이나 죽임을 당한 그 피해자들도 맞거나 죽을 것을 알고 그 사람을 만나지 않았음을 생각해야 한다. 다소 충격적일 수 있지만, 실제 주위에서 일어나는 위험한 상황에 대한 뉴스를 충분히 많이 보고 생각해보게 하는 것이 도움이 되는 방법일 수 있다.

어른들에게 도움을 요청한다

충분한 대화를 해보고 위험한 상황들에 대해서 많이 이야기했음에도 불구하고 친구가 그 관계를 끊지 못한다면 이렇게 알게 된 이상 위험에 빠진 친구를 구해야 하기 때문에 어른들에게 도움을 요청할 수밖에 없다고 강하게 알려줘야 한다.

이 정도 되면 상관 말라고 화를 낼 수도 있고 오히려 어른들에게 알리는 게 본인을 위험에 빠뜨리는 거라고 절교를 선언할 수도 있다. 그러나 흔들리지 않아야 한다. 친구를 진정으로 위하는 게 무엇인지 생각해보면 답은 바로 나올 것이다.

위에서 이야기한 것처럼 친구가 그루밍 피해자라면 스스로 빠져나오기가 매우 어려울 수 있다. 그러니 믿을 만한 어른에게 도움을 요청해서 함께 친구를 그 관계에서 끌어내야 한다.

어른에게 도움을 요청할 때, 친구가 절대 알리지 말았으면 하는 사람이 있다면(예를 들어 부모님) 그 어른 대신 도움을 요청할 수 있는 어른을 찾아보는 것이 친구를 위한 작은 배려일 수 있다. 학교 상담 선생님이나 학원 선생님, 이모나 대학생 언니 같은 사람들에게 먼저 도움을 요청해보고 더 적극적인 개입이 필요하다면 부모님께도 말씀드리는 것이 좋다.

필요한 경우 친구가 만나는 아저씨를 신고해야 할 수도 있기 때문에 이럴 때는 부모님이 아실 수밖에 없다. 그리고 이런 경우는 어른들의 도움 없이 해결하기 쉽지 않기 때문에 최종적으로는 부모님이 알게 되는 것도 고려해야 한다.

자위하는 제 모습이 너무 싫어요

"자위하는 제 모습이 너무 싫은데 계속 하게 돼요. 중독인 걸까요?"

자위행위에 대해 죄책감을 가지거나 자위행위가 나쁜 것이라 생각해 스스로를 부정적으로 보는 경우가 있다. 그러나 자위 자체가 나쁜 것은 아니며, 한 번 경험한 사람은 계속해서 하게 되는 것이 성행동(자위, 성관계 등)의 특징이다.

자위가 뭘까?

자위는 내 몸을 내가 스스로 만지고 자극하면서 성적 쾌감을 느끼는 것이다. 내가 내 몸을 만지는 것이기 때문에 그것 자체가 나쁜 것은 아니다. 그러나 방법에 따라 몸에 나쁜 영향을 미칠 수 있으므로 예절과 방법을 지키면서 하는 것이 중요하다.

생각보다 많은 사람이 자위를 한다. 예전에는 남자만 자위를 한다고 생각하거나 여자의 자위는 나쁜 것 혹은 하면 안 되는 것으로 생각하는 경향이 있었지만 그런 생각들도 많이 바뀌었다. 똑같이 욕구가 있는 사람이기 때문에 성별 상관없이 자위는 할 수 있는 것이다.

어떤 부분이 불편해서 스스로의 모습이 싫다고 느껴지는 걸까? 본인이 생각하는 괜찮은 자위의 모습이 있는지 모르겠지만, 어떤 부분 때문이라면 그 부분에 대해서 고민해보길 바란다. 자위 자체에 대해서는 나쁘게 생각할 필요가 없고, 자위를 어떤 방식으로 하는지, 얼마나 자주 하는지에 대해 생각해보는 것이 더 중요하다.

자위 예절 지키기

여자들이 자위하는 방식을 이해해야 하고 몸을 위해 위험한 행동은 하지 않아야 한다. 그리고 다른 사람을 불쾌하게 하거나 내 마음이 불편한 행동은 하지 않는 것이 좋다. 그걸 자위 예절이라고 한다.

자위를 할 때는 혼자 있는 공간에서, 급하지 않게 편안한 마음으로 해야 한다. 자위를 하기 전에는 반드시 생식기와 손을 씻고 해야 한다. 여자의 생식기 구조상 씻지 않고 자위를 할 경우 세균이 질 내로 들어가 염증이 생길 수 있기 때문이다.

자신의 몸 어떤 곳이라도 만질 수 있다. 가슴이나 생식기 주위를 편하게 만져도 좋고, 주로 여성 자위에서는 클리토리스(음핵)라고 하는 위쪽에 있는 가장 예민한 부분을 만지면서 자극한다. 클리토리스는 성적 쾌감만을 위한 부위이기 때문에 자극하면 성적 쾌감을 느낄 수 있다. 아주 예민한 곳이기에 너무 세게 만지면 상처가 나거나 나중에 아플 수 있으니 부드럽게 만져야 한다.

가끔 질 안으로 손가락을 넣거나 물건을 넣는 경우도 있는데 이는 굉장히 위험한 방법이다. 질 안쪽은 매우 약한 피부로 되어 있기 때문에 상처가 나는 것은 물론 염증이 생길 수도 있다. 특히 성관계나 출산 경험이 없는 청소년의 경우, 질에 뭔가를 넣었을 때 질 입구가 찢어질 수 있으므로 삽입하는 자위 방법은 사용하지 않는 것이 좋다.

자위를 할 때 한 가지 더 지켜야 할 사항은 음란물을 보지 않는 것이다. 자위는 자기 몸과 감각에 집중하며 성적인 기쁨을 누리는 것이기 때문에 몸과 감각에 집중하는 것이 좋다. 마지막으로 자위가 다 끝나면 손과 생식기를 깨끗하게 씻어야 한다.

건강을 위해 적당히

자위를 처음 알게 되고 그 느낌이 너무 좋아서 하루에 몇 번씩 하는 사람도 있다. 자위 자체가 몸에 나쁘거나 위험한 것은 아니지만, 너무 자주 하면 부정출혈(월경이 아닌데 피가 나오는 것)이나 아랫배 통증 같은 증상들을 느낄 수 있기 때문에 적당히 해야 한다.

스스로 중독이라는 생각이 들 정도라면 자위를 하고 싶다는 생각이 들 때마다 다 하는 게 아니라 그중 몇 번은 다른 방식으로 푸는 것이 좋다. 예를 들어 자위를 하고 싶은 마음이 들 때 산책을 나가거나 친구와 통화를 하거나 가족들과 간식을 먹는 것 같은 행동으로 자위에 대한 관심과 욕구를 까먹게 만드는 것이다.

자위는 스스로와 나누는 사랑의 방식이다. 자신을 혼자만의 방식으로 사랑해주는 것이므로 자위 자체에 대해 나쁜 마음을 가질 필요는 없다. 누구나 성 욕구는 있는데 그것을 풀기 위해 준비되지 않은 상태에서 성관계를 하는 것보다 훨씬 안전한 방법이 자위이기 때문이다. 다만, 자기 몸을 보호하기 위해 위험한 방법은 사용하지 않고, 자위 예절을 지키면서 건강하고 즐겁게 하기 바란다.

자위하다 부모님이 알게 되었다면

아무래도 부모님과 함께 살고 있는 청소년이 많기 때문에 혼자만의 시간을 보내다가 부모님께서 목격하게 되는 상황이 종종 생기게 된다.

혼자 살 수 없고 또 혼자만의 공간이라고 해도 서로의 방에 언제든지 들어갈 수 있는 보통의 집이라면 자위를 하다가 마주치게 되는 경우가 종종 발생하기 때문에 이런 상황에서는 너무 주눅 들거나 자책할 필요가 없다. 자위 자체가 잘못한 행동도 아니고, 문을 활짝 열어놓고 보란 듯이 했다면 문제이기도 하지만, 문을 닫고 괜찮을 줄 알고 했는데 이렇게 된 거라면 그냥 어쩔 수 없는 일이었다고 생각하는 것이 정신 건강에 훨씬 좋다.

이런 경험들에 대해 깊게 고민하고 자책하거나 수치심을 심하게 느낀다면 오히려 성 건강에 안 좋은 영향을 미칠 수 있기 때문에 되도록 '민망했지만 그럴 수 있는 일이었어' 정도로 넘어가는 편이 좋다.

그런데 이번에는 그럴 수 있는 일로 넘긴다고 하더라도, 자위를 하다 부모님에게 목격당하는 경험은 한 번이면 충분할 것이다. 그러니 다음부터는 목격당하지 않도록 만반의 준비를 해야 한다. 이것도 자위 예절 중 하나이다.

자위를 할 때는 혼자 있는 공간에서, 편하게 집중할 수 있는 시간이 있어야 한다. 그리고 방이나 화장실에서 하려고 하는데 집에 나 말고 다른 사람이 있다면 반드시 문을 잠그고 해야 한다. 그리고 앞에서 강조한 것처럼 음란물을 보지 않아야 하고 삽입 자위도 하지 않아야 한다. 만약 음란물을 보면서 자위를 하다가 부모님이 보게 되었을 때 또는 삽입 자위를 하다가 부모님이 보게 되었을 때는 그럴 수 있는 일로 넘길 수가 없다.

음란물을 보는 것은 불법이고 삽입 자위는 위험하기 때문에 부모님의 개입이 들어갈 수밖에 없고, 그렇게 된다면 더 곤란한 상황에 빠질 수 있다. 거듭 말하지만, 자위는 충분히 자신의 몸에 집중할 수 있는 마음의 여유를 가질 수 있는 상태에서, 안전하게 하기 바란다.

야한 영상을 봤는데
계속 찾아보게 돼요

"저는 중학교 2학년인데, 우연히 야한 영상을 보게 되었어요.
볼 때는 기분이 이상했는데 그 후로 계속 생각이 나서 찾아보
게 돼요. 보면 안 된다고 배운 거 같은데 혹시 처벌받을까요?
어떻게 하면 생각이 안 날까요?"

야한 동영상, 흔히
말하는 음란물을 우연히 봤다가 그 후로 계속 보게 되는 일은 굉
장히 많다. 그러다 보니 성교육 시간에 음란물을 보면 안 된다는
내용이 생각나서 고민에 빠지게 된다.

어떤 생각이 들었어?

그 영상을 어떻게 우연히 보게 되었는지 모르겠지만, 우연히
본 사람보다 그걸 만들어서 인터넷에 올리는 사람이 나쁜 사람이
고 잘못된 행동을 하는 것이다. 그런 영상을 만들어 올린 사람을
대신해 사과하고 싶다. 그리고 그런 영상을 계속해서 인터넷에
머물게 만드는 많은 어른들을 대신해서도 미안한 마음이 든다.

영상을 보면서 어떤 생각이 들었는지 스스로 생각해봤으면
한다. 영상을 처음 봤을 때 기분이 이상했다는 것이 부정적이었

는지 긍정적이었는지 생각해볼 필요가 있다. 그러면 그 영상이 왜 보고 싶은지, 어떤 기분 때문에 보려고 하는 건지 찾아볼 수 있다.

왜 계속 보고 싶을까?

야한 영상을 한 번 보면 계속 생각이 난다. 그런데 왜 자꾸 생각나는 걸까? 야하고 좋아서? 성적으로 자극이 되고 흥분이 되어서? 가장 큰 이유는 충격적이기 때문이다. 우리가 아주 무서운 장면을 보거나 충격적인 것을 목격하게 되면 뇌에 엄청 강한 자극이 들어가고, 이 자극 때문에 뇌가 충격을 받아 계속 생각나게 된다. 야한 동영상도 마찬가지다. 야한 동영상이 우리 뇌에 강한 자극으로 들어가고 뇌가 그로 인해 충격을 받아서 계속 생각나는 것이다. 그렇기 때문에 평소에 그 생각이 떠오르면 뇌가 다른 생각을 하도록 도와줘야 한다.

야한 영상이 나쁜 이유

야한 영상은 어른들이 보는 것이기 때문에 청소년은 보면 안 된다는 이야기도 있다. 그러나 야한 영상, 즉 음란물은 어른들도 보면 안 된다. 음란물을 보는 것이 합법인 나라도 있지만 우리나라는 엄연히 불법이다. 최근에는 성과 관련된 성인 콘텐츠들에 대한 민감성이 향상되면서 야한 동영상(야동), 음란물 같은 단어를 불법촬영물, 불법 성착취물, 디지털 성범죄 피해영상물 등으로 표현해야 한다는 움직임도 있다.

불법촬영물에는 성의 3요소가 없다. 성의 3요소는 생명, 사랑, 기쁨을 말한다. 불법촬영물에서 두 사람이 어떻게 만나서 사랑에 빠졌는지, 두 사람이 어떻게 성관계를 하는 사이가 되었는지, 성관계를 하기 전에 어떤 대화를 나누고 어떤 준비를 했는지, 두 사람 사이의 합의가 이루어졌는지 그리고 두 사람 모두 기쁜 마음인지, 그 후에 그들은 어떻게 되었는지, 생명에 대해서는 합의하고 피임을 했는지 등…… 다루지 않은 것들이 너무 많다. 그러면서 그것이 마치 진짜 '성'인 것처럼 포장되어 있다. 그러니 뭐가 진짜고 가짜인지 정확하게 분별할 수 있는 능력을 배우고 있는 청소년들에게는 어려운 문제이고, 가짜를 진짜로 포장한 영상은 청소년들에게 안 좋은 영향을 미칠 수밖에 없다. 어른들에게도 마찬가지로 안 좋은 영향을 줄 뿐이다.

불법촬영물에는 또 다른 문제가 있는데, 주로 여성을 성적 대상으로 보여주고 남성이 상황을 조종하고 자신의 성욕을 해소하기 위해 여성을 이용하는 상황이 많이 연출된다는 것이다. 그렇기 때문에 불법촬영물을 많이 보고 그것이 진짜라고 믿게 되면 현실에서 성 문제들이 많이 발생할 수밖에 없다.

계속 생각날 때 노력할 수 있는 것들

위에서도 이야기했지만, 불법촬영물을 보게 되면 뇌가 충격을 받아 계속 생각날 수 있다. 그럴 때에는 생각날 때마다 보는 건 전혀 도움이 안 된다. 그러니 갑자기 생각나고 떠오를 때는 벌떡 일어나서 가족들이 모여 있는 거실로 가거나, 친구와 통화를 하거나 산책을 다녀오는 것처럼 행동으로 뇌의 생각을 다른 곳으로 돌려주는 것이 도움이 된다.

영상의 출처를 생각해보자

인터넷의 어떤 사이트나 친구가 공유해준 성 관련 동영상들을 접하게 되었을 때는 이 영상의 출처에 대해 생각해봐야 한다. 애초에 이 영상은 어디서 만들어진 걸까? 요즘에 인터넷에 올라와 있는 성 관련 영상들 중에서는 불법촬영물들이 굉장히 많다. 불법촬영물이라는 것은 그 영상에 등장하는 사람들 중 대부분은 촬영에 동의하지 않은 영상일 수 있고, 촬영은 함께 했다고 쳐도 유포에 동의하지 않았을 경우도 있다는 것이다.

그렇다면 우리가 등장인물 스스로도 모르는 영상을 보는 것이 괜찮은 일일까? 인터넷에 올라와 있는 성 관련 동영상들은 대부분 디지털 성폭력 피해 증거물이지 우리가 보고 즐기기 위한 것이 아니다. 피해 증거물을 신고가 아닌 다른 용도로 이용한다면 공범자가 될 수 있다고 생각하고 아주 민감하게 행동해야 한다.

시청만으로도 처벌받을 수 있다

예전에는 동영상 파일을 다운받아서 소장하거나, 그 파일을 다시 유포하거나, 그런 영상을 이용해 돈을 버는 행동들만 처벌

대상이었다. 그런데 요즘에는 꼭 파일을 다운받아서 소장하지 않아도 사이트에 들어가서 시청하거나 접속하는 것만으로 처벌의 대상이 될 수 있다.

불법촬영물을 보는 것은 법적 문제가 될 수 있고, 호기심에 들어가서 봤다가 처벌받게 될 수도 있다. 특히 그 영상 속에 등장하는 사람이 직접 디지털 성폭력으로 신고를 했거나 아동·청소년 피해자일 경우 경찰이 적극적으로 조사하기 때문에 누구라도 본 적이 있다면 조사 대상이 될 수 있다. 지금까지는 몰랐지만 이제 알게 되었으니 성과 관련된 영상, 사진, 만화 같은 것들을 인터넷에서 찾아보는 것은 앞으로 하지 않아야 한다.

올바른 경로로 성을 배우자

'성'이라는 것은 굉장히 큰 개념이다. 우리 인생에서 셀 수 없는 순간순간에 '성'이 연결되어 있다. 그렇기 때문에 '성'을 잘 활용하고 컨트롤할 수 있어야 휘둘리지 않는다. '성'은 좋은 것으로 경험되어야 한다. 가해자가 범죄를 저지르니까 성범죄가 생기는 것이지 '성'이 나빠서가 아니다.

'성'이라는 것을 어떻게 내 인생에서 가지고 갈 것인가는 본인이 스스로 결정하는 것이다. '성'은 사람을 죽일 수도 있고 살릴 수도 있다. 성장시킬 수도 있고 망가뜨릴 수도 있다. 다른 사람의 피해 영상물들을 보면서 성적 호기심을 충족시킨다면 이건 사람을 살리는 쪽일까 죽이는 쪽일까? 성장하는 쪽일까 망가뜨리는 쪽일까? 진지하게 생각해봤으면 한다.

청소년기라면 자아를 찾아가는 시기다. 나 자신에 대해 많이 고민해보고 내가 잘하는 게 무엇인지, 내가 좋아하는 게 무엇인지 생각하는 시기다. 청소년기에는 앞으로 어떤 진로를 선택해서 어떤 직업을 가질지에 대한 답을 찾는 것도 중요하지만, 어떤 어른이 되고 어떤 인간으로 인생을 살고 싶은지, '성'이라는 것을 인생에서 어떻게 컨트롤하면서 살 것인지, 나만의 기준을 어떻게 세울 것인지에 대해서도 고민해봐야 한다.

부디 인터넷이나 친구들을 통해서가 아니라 책이나 전문가를 찾아서 올바른 정보와 좋은 생각들로 자신의 성을 가득 채워나가길 바란다.

저 임신일까요?

"중2인데 성관계를 했습니다. 임신인 것 같은데 어떻게 확인
해요?"

청소년 상담에서 성
관계 후 임신일까 아닐까에 대한 질문은 늘 많다. 네이버 지식IN
에만 들어가도 청소년들이 임신 여부를 묻는 질문을 너무 쉽게
찾아볼 수 있다. 사실 임신 여부를 알 수 있는 시기가 되어 임신
테스트기를 사용하는 게 아닌 이상 이를 미리 추측하기 어렵다.
또 성관계를 했다면 확실하게 임신이 아니라고 말할 수 있는 경
우는 거의 없다는 점도 분명한 사실이다.

임신 가능성이 있는 성관계였을까?

임신인지 아닌지를 대략적으로 파악해보려면 임신 가능성이
있는 성관계였는지 기억을 더듬어보는 게 먼저다.

몇 달 전 퇴근하고 저녁을 먹고 있는데 어떤 어린 여학생 목소
리로 전화가 왔다.

"여보세요?"

"아… 거기, 고민 상담해주는 곳 맞나요?"

"성에 대해 고민 있어요? 근데 지금은 근무시간이 끝나서요"

"아… 네… 알겠, 알겠습니다….."

힘없이 떨면서 말하는 목소리를 통해 느껴지는 아이의 불안과 두려움이 마음에 걸려 상대방이 끊기 전에 서둘러 말을 걸었다.

"저기요, 임신 걱정돼서 전화했어요?"

"아! 네… 사실 제가 남자 친구랑……, 임신일까 봐 너무 걱정이 돼서요."

어떻게 성관계를 했는지, 피임을 했는지에 대해 물어보자 굉장히 황당한 답변이 왔다. 둘 다 팬티를 입은 상태에서 남자 친구가 발기된 상태로 몇 번을 비볐고, 남자 친구가 음경을 만진 손을 자신의 팬티 속으로 집어넣어 여자아이의 생식기를 만졌다고 했다. 성관계라기보다는 애무를 하고 나서 임신이 될까 봐 걱정했던 것이다. 청소년들과의 임신 여부 상담에서는 명확하게 임신 가능성이 있기 때문에 빨리 응급 피임약을 먹어야 하거나 2주 뒤에 임신테스트기를 사용해봐야 하는 경우도 있지만, 임신 가능성이 희박하다 못해 없는 경우도 많다. 그러니 임신 가능성이 있는 성관계였는지 확인하는 것이 먼저다.

성기 결합이 일어났다면 임신 여부를 확인해야 한다

임신 가능성이 있는 성기 결합이 일어났고 몸 안이든 몸 밖이든 사정을 했다면 임신 가능성은 무조건 있다고 봐야 한다. 과장되게 이야기하는 것처럼 느껴질 수도 있지만, 성관계를 했다면 임신 가능성은 분명히 있으며, 특히 10~20대는 건강하기 때문에 낮은 임신 가능성으로도 임신이 잘 되는 경향이 있다. 그렇기 때문에 성기 결합이 일어났고 사정이라는 걸 했다면 임신 여부를 꼭 확인해야 한다.

임신 여부 상담은 주로 성관계 직후 또는 월경 예정일이 1~2일 지났을 때 많이 물어보는데, 임신이 되었을 때 아기를 낳겠다면 상관없겠지만 출산을 원하지 않을 경우에는 최선을 다해 막아야 한다.

성관계 직후라면 상황을 살펴본 후에 필요한 조치를 취해야 하는데, '가임기+질내사정' 같은 급박한 상황(임신 가능성이 매우 높은 상황)이라면 최대한 빨리 병원에 가서 '응급 피임약'을 처방받아 먹어야 한다. '비가임기+질내사정'도 마찬가지다. 그나마 조금 덜 급박한 상황이 '가임기+질외사정'인데(그럼에도 불구하고 임신 가능성은 당연히 있다) 이런 경우는 성관계한 날로부터 2주 후에 임신테스트기를 통해 임신 여부를 확인해보는 게 좋다.

임신 테스트기는 아침에 첫 소변으로 하는 것이 좀 더 잘 나온다. 다만, 임신 초기에는 임신 호르몬이 많이 나오지 않아 비임신으로 나올 수도 있으므로 임신테스트기를 사용하고 나서도 월경을 하지 않는다면 2~3일 후에 다시 한번 테스트를 해보는 것이 좋다.

피임 교육은 필수다

청소년 상담 내용 중에 임신 여부에 대한 질문은 상상을 초월할 정도로 많이 들어온다. 성관계 경험이 있는 청소년이라면 계속해서 성관계를 하게 될 가능성이 훨씬 높다. 이들이 피임 방법을 제대로 활용할 줄 모르고 피임의 중요성에 대해 잘 모른다면 '성' 때문에 인생 전체가 흔들릴 수도 있다.

그러니 임신을 원하는 게 아니라면 미리 막아야 한다. 청소년 임신 자체가 잘못되었다고 비난하는 말이 아니다. 청소년도 준비된 상황이라면 충분히 좋은 양육자가 될 수 있다. 그러나 현실적으로 양육자가 되기 위해 준비된 청소년은 거의 없고, 청소년이 부모가 되는 계기는 계획적으로 임신을 했기 때문이 아니라 '피임을 하지 않았기 때문'이 압도적으로 많다.

임신을 원하지 않는 여성의 경우, 성관계가 끝난 그 순간부터 다음 월경이 시작될 때까지 상상도 못 할 정도로 임신에 대한 불안감을 경험한다. 피임을 했어도 불안한데 피임하지 않았다면 얼마나 더 불안할지 상상해보라. 피임은 나 자신을 보호하고 나의 행동에 책임지는 일이다. 그러니 반드시 피임을 해야 한다. 만약에 피임에 실패했거나 피임을 하지 못해 임신이 되었다면 아이를 낳을 것인지 낳지 않을 것인지 결정해야 하는데, 어떤 방향이든 도움이 필요하다. 청소년이 감당하기엔 너무 큰 일이기 때문이다. 그러니 이런 경우 또래보다는 믿을 수 있는 어른들 혹은 청소년 상담 관련 기관에게 도움을 청하기 바란다.

임신했는데 아이를 낳고 싶어요

"고등학교 1학년입니다. 임신을 했어요. 그런데 아기를 낳고
싶습니다. 도움받을 수 있을까요?"

　　　　　　　　　　　10대 임신은 생각보
다 많이 일어나고 있고, 그로 인해 청소년 부모의 비율도 늘고 있
다. 청소년이 임신을 했을 때 여러 가지 이유로 아기를 낳고 싶
어 하는 경우가 있는데 그 이유만으로 아기를 낳아 기른다는 것
은 현실적으로 굉장히 어려운 일이기 때문에 많은 고민이 필요
하다.

상황을 객관적으로 살펴보자

일단 지금 현재 상황이 어떤지 확인하는 게 중요하다. 임신한
지 얼마나 됐는지, 아기 상태와 엄마 상태는 어떤지, 어디에서
어떻게 생활하고 있는지 등등……. 그리고 임신 사실을 가족들
에게 이야기할 수 있는지, 가족들에게 이야기했을 때 가족들이
받아들여줄 수 있는지도 생각해봐야 한다.

비혼모들을 상담하면서 알게 된 것은 가족의 지지가 있느냐 없느냐가 아이를 낳아 키울 때 굉장히 중요한 요소가 된다는 것이다. 또 아기 아빠가 임신 사실을 알고 있는지, 아기를 낳는 것에 대해 어떻게 생각하고 있는지도 중요한 상황 중 하나다. 아기 아빠가 모른다면 혼자서 임신과 출산, 양육을 감당해내야 할 수도 있고, 알고 있다면 아기 아빠가 어떤 태세를 취하는지에 따라 상황이 달라진다.

만약 아기 아빠가 아기 낳는 것에 동의하지 않았다면 그 부분에 대해서도 해결해야 할 부분이 있고, 아기 아빠가 알고 있고 아기를 함께 키우기로 했다면 혼인신고를 할 것인지 일단 함께 살면서 생각할 것인지 이것저것 따져보고 생각해볼 게 많다. 이런 것들 하나하나가 아이를 키우는 데 자원이 될지 장애가 될지를 고려해야 하는 요소가 된다.

학업에 대한 부분도 생각해야 한다. 지금 학교를 다니는 중이라면 출산할 때가 오면 어쩔 수 없이 학교를 그만둬야 하는 경우가 생기므로 그 부분도 감안해야 할 것이다.

자원을 파악하자

청소년이 아기를 낳으려면 가지고 있는 자원이 무엇인지 파악해보는 게 좋다. 가장 힘이 되고 실제로 아기를 낳았을 때 도움이 되는 자원은 가족이다. 우리 가족들이 내가 임신한 사실을 알고도 받아주고 함께 살 수 있다면 아기를 낳고 나서도 도와줄 수 있는 든든한 지원군이 있는 것이다.

그러나 실제로 임신 사실을 알고 가족들의 비난을 참지 못해 가출하거나 미혼모 시설로 가는 청소년이 많다. 그러니 내가 아기를 낳았을 때 나를 도와줄 수 있는 사람이 있는지를 생각해보는 것도 필요하다.

도움받을 수 있는 기관

청소년이 임신을 하고 그 아이를 낳고 키우는 걸 혼자 하기에는 너무 힘든 일이다. 이럴 때는 누군가 도와준다면 큰 힘이 된다. 청소년의 임신, 출산, 양육에 대해 어느 정도 지원을 해주고 도움을 줄 수 있는 기관들이 있다.

전국에 있는 다양한 미혼모 지원 기관에서는 비혼모, 청소년 부모가 생활할 수 있도록 여러 부분을 지원해준다. 출산 후 아이를 키울 때 필요한 생활비, 출산용품 지원부터 사회에 적응할 수 있도록 재무, 주거, 상담, 취업 등 생활 전반에 대한 도움을 받을 수 있다. 그 외에 각 지역별로 미혼모 센터가 있다. 이런 센터의 경우는 비공개로 운영되고 많은 인원을 수용할 수 없기 때문에 전화를 해보고 센터에 들어갈 수 있으면 숙식 제공도 가능한 기관이 있으니 알아보고 도움을 요청하면 된다.

쉽지 않은 일이니 신중하게 생각해보길

청소년기에 아기를 낳아서 키운다는 것은 생각보다 힘든 일이다. 청소년 부모를 상담하면서 많이 들었던 말이 있다.

"임신 사실을 알고 나서는 아기를 어떻게든 지켜내고 낳아야 겠다고 생각했는데, 막상 낳아서 키워보니까 이 정도로 힘들 줄 몰랐어요. 만약 알았으면 낳지 않았을 거 같아요."

청소년이 임신을 하면 덜컥 겁이 나고 막막하기 때문에 수술을 하는 경우도 많다. 그러나 또 어떤 사람들은 어떻게든 아이를 지키겠다고 마음먹고 낳는 사람들도 있다. 엄청난 용기이고 대단한 결심이다. 그 용기를 진심으로 존경하지만, 아기를 낳아서 기른다는 것은 1~2년 고생해서 되는 것이 아니라 낳고 20년이 넘도록 자기 생활 없이 아이 기르는 게 우선이 되는 경우가 많다. 그 사이 주위 친구들은 놀고 싶은 대로 놀고 연애도 하고 하고 싶은 공부도 하는데 나는 그렇게 못하니 부럽기도 하고 삶이 멈춘 것만 같은 불안함을 느끼게 될 수도 있다.

한 생명을 낳아 기르는 것은 우주를 만드는 일이다. 그러니 신중하게 생각해야 하고, 만약 낳아서 길러야겠다는 결정이 내려지면 무엇보다 나와 아이의 건강을 위해 조심하고 가족들에게 도움을 요청하거나, 안 되면 미혼모 시설을 찾아서 지원받을 수 있는 것들을 지원받으면서 생활의 안정을 찾는 게 중요하다.

청소년기에 임신을 한다고 해서 내 인생 전체가 남보다 뒤처지거나 못 산다는 뜻은 아니다. 일찍 아기를 키워놓고 30대에 하고 싶은 일에 다시 도전해볼 수도 있고 마음먹고 노력하기에 따라 달라질 수 있다.

하지만 아기는 일단 낳아서 키워보다가 안 되면 다른 사람에게 주거나 버릴 수 있는 존재가 아니다. 아기를 낳아서 키우려면 생각보다 돈도 많이 들고 신경 써야 할 것도 많다. 한마디로 내 인생 전체가 완전히 바뀌는 건 사실이다. 청소년이라고 해서 부족한 양육자가 되는 것은 아니다. 다만, 좋은 양육자가 되려면 많이 인내하고 노력하고 공부하고 준비해야 한다. 좋은 부모가 된다는 것은 나이가 아니라 준비와 마음가짐의 차이다.

신중하게 고민하고 선택했으면 한다. 그리고 어느 방향을 결정하든, 자책하지 않고 행복하길 간절히 소망한다.

자고 있는데 남동생이
제 팬티에 손을 넣었어요

"자고 있는데 남동생이 제 팬티로 손을 넣었어요. 자는 척했는
데 아직도 너무 떨려요."

남매가 함께 생활하
는 집에서는 이런 일들이 종종 발생한다. 동생이 누나를 만지는
경우도 있지만 오빠가 여동생에게 성적인 요구를 하거나 누나
가 남동생을 또는 성별 상관없이 부적절한 성적 행동을 하기도
한다.

트라우마가 되지 않도록

이런 일이 생기면 많이 놀랄 수밖에 없다. 놀라는 걸로 끝나
는 게 아니라 또 그런 일이 생길까 두렵고 불안해서 남동생과 거
리를 두게 되고 집이나 내 방이 더 이상 안전한 곳이 아니라고
느끼게 되면서 불안이 극대화되기도 한다.

이럴 때는 트라우마로 남지 않도록 적극적으로 대처하는 것
이 필요하다. 물론 너무 놀라고 충격받아서 어떤 대처를 해야 할

지 떠오르지 않을 수도 있지만 한 가지만 기억하자. 내가 잘못한 게 하나도 없는 상황이라는 것이다.

잘못이 없다는 것을 알고 있으면서도 혹시 부모님께 이야기하면 가족 사이에 갈등이 생길까 봐, 고민하는 사람들도 있다. 가족 관계이기 때문에 말하기 더 어려울 수 있다. 그러나 가족들과 서로의 경계선을 지키면서 다시는 이런 일이 일어나지 않도록 초기에 빨리 이야기하는 게 더 좋은 방법일 수 있다.

내가 할 수 있는 방법으로 표현하라

남동생을 불러다 앉혀놓고 잘 때 있었던 일에 대해 이야기하는 것도 좋은 방법이다. 이렇게 직설적으로 이야기할 때는 두루뭉술하게 이야기하기보다는 명확하게 메시지를 전달하는 것이 좋다.

"어젯밤에 잘 때 네가 내 몸을 만졌는데 기억나니?"라고 물어보면 호기심에 그랬다고 할 수도 있고 기억나지 않는다고 할 수도 있다. 혹은 그 외의 기상천외한 대답이 나올 수도 있다. 어떤 대답이든 당황하지 말고 다음 이야기를 이어가면 된다.

사실 행동을 한 사람이 기억을 하고 안 하고는 중요하지 않다. 중요한 것은 당사자가 그 일을 경험했다는 것이고, 그 일로 인해 굉장히 놀라고 불쾌했다는 사실을 전달하는 것이 핵심이다. 동생이 어떤 대답을 하든 "나는 이 일로 인해서 많이 놀랐고 지금 불안한 상태야. 가족끼리도 지켜야 하는 선이 있고, 하지 말아야 할 행동이 있어. 한 번은 실수라고 생각할 수 있지만 앞으로 더 신경 써서 서로 경계선을 지켰으면 좋겠어"라고 단호하게 이야기해야 한다. 만약 용서가 안 된다면 화를 내거나 용서할 수 없다고 말해도 된다. 단, 용서할 수 없다면 뭘 어떻게 해주길 원하는지 생각해보고 이야기하면 상황을 해결하는 데 더 도움이 될 수도 있다. 대놓고 이야기하는 게 너무 어렵고 불가능할 거 같으면 생각을 정리해서 휴대전화 메시지나 편지로 전달해도 된다. 뭐든지 내가 할 수 있는 방법으로 상황에 대처하면 된다.

도움 요청도 좋은 방법이다

만약 어떠한 행동도 하기가 너무 힘들고 어렵다면 그것 또한 괜찮다. 꼭 그래야 하는 법은 없으니 말하지 못한다고 자책하거나 괴로워하지 말고 다른 가족에게 도움을 요청하는 것도 좋은 방법이다. 그 일이 일어난 것, 말을 못 하는 것, 이 모든 것이 절대 그 일을 당한 사람 잘못이 아니니 어떤 상황이라도 자책하지 않았으면 한다.

혹시라도 한 번이 아니라 두 번 이상 반복되었다면 직접 말하는 것보다는 부모님께 SOS를 요청하는 것이 좋다. 잠결에 그럴 수도 있고, 호기심에 실수로 그럴 수도 있다(그 행동이 타당하다는 뜻은 아니다). 그렇지만 두 번 이상 지속되었다면 이건 잠결이나 실수라고 볼 수 없을뿐더러 더 자주, 반복해서 일어날 수 있는 행동일 가능성이 높기 때문에 그냥 두고 봐서는 안 되는 상황이다.

이럴 때는 혼자서 해결하려 하거나 힘들어하지 말고 부모님께 바로 도움을 요청하는 것이 좋다. 부모님이 알고 있어야 앞으로 남동생의 행동을 잘 지켜볼 수 있다. 자면서 몇 번 누나의 몸을 만졌다면 이것은 보편적인 행동이 아니기 때문에 잘 지켜보고 부모님이 개입하거나 전문가에게 연결해야 할 수도 있다.

부모님은 가정에서 일어나는 일에 대한 책임이 있고, 자녀들이 안전하고 건강하게 자랄 수 있도록 지켜줘야 하는 의무가 있기 때문에 꼭 부모님께 도움을 요청하고 다시는 이런 일이 발생하지 않도록 대처해야 한다.

경계선을 잘 세우자

애초에 이런 일이 발생하지 않으려면 초등학교에 들어간 이후로는 같은 공간에서 자지 않는 것이 좋다. 특히 성별이 다른 남매의 경우 잠결에 나도 모르게 한 행동이라고 해도 당하는 사람에게는 트라우마가 될 수 있기 때문이다. 초등학생이 된 후부터는 서로의 안전을 위해서라도 각자의 공간에서 분리해서 잠을 자고, 집 안에서의 옷차림, 샤워 후의 행동들도 신경 써야 한다.

혹시 가족 분위기가 워낙 경계선이 모호해서 옷차림이나 공간에 대한 개념이 자유로운 상황이라면 부모님에게 진지하게 이 부분을 이야기해서 분위기를 바꿔야 한다. 이런 부분은 본인 책임이 아니다. 부모님의 주도 아래, 가족 전체가 노력하고 바꿔가야 하는 부분이다.

SNS에서 알게 된 남자 친구를
실제로 만나고 싶어요

"초등학교 6학년인데요, SNS를 통해서 알게 된 남자 친구가 있는데 실제로 만나고 싶어요. 그 친구도 만나자고 하는데 엄마가 알면 절대 안 된다고 할 거 같아요. 만나면 안 되나요?"

온라인과 오프라인의 경계가 무너진 지 오래되었고, 인터넷상에서도 좋은 친구를 만날 수 있다. 그러나 위험한 친구들도 굉장히 많은 것이 사실이다.

그 친구는 안전한 사람일까?

인터넷에서 만난 사람을 믿기 어려운 이유는 인터넷상에서 보이는 프로필은 얼마든지 조작이 가능하기 때문이다. 동네에서, 학교에서, 학원에서 만나는 내 눈앞에 있는 수많은 친구들과 비교했을 때 인터넷에서 만난 사람은 얼마든지 가짜 프로필과 사진을 사용할 수 있고 우리는 그것만을 보고 대화를 하는 것이다.

어쩌면 직접 만나지 않았기 때문에 일상에서 만나는 주위 사람들보다 더 편하게 이야기할 수 있고, 그러다 보니 친해지고 마음이 통하고 편하게 대화가 잘 통한다고 착각할 수 있다. 그런데 진짜 그 사람이 누군지는 모른 채로 대화를 하고 친하다고 생각하고 있는 것일지도 모른다. 내가 알고 있던 사람과 전혀 다른 사람일 가능성도 있다는 뜻이다.

누군지 잘 모르지만 그 사람이 하는 말만 듣고 이름, 나이, 사는 곳, 가족 관계, 좋아하는 것들을 다 믿으면서 대화를 하다가 실제로 만났는데 그 사람이 그동안 했던 말과 다를 수도 있지 않을까? 그런 사람이라면 안전한 사람일까? 그 사람이 했던 말과 똑같은 사람이 나온다고 해도, 한 번도 만나본 적 없는 사람과 단둘이 만나는 것이 안전한 만남일까? 단 1퍼센트라도 위험한 상황이 생길 가능성은 없을까? 한 번 더 생각해보길 바란다.

만나서 뭐 하고 싶어?

만약 만날 거라면 뭘 하고 싶고 어디에서 만날 것인지 생각해보면 좋겠다. 나는 동네에서 만나서 떡볶이 먹고 놀이터에 앉아서 이야기하는 정도로 충분하다고 생각했는데 상대방은 아무도 없는 곳에서 만나자고 하거나, 놀이터에 단둘이 앉아 있을 때 내가 예상하지 못하는 말과 행동을 하지는 않을까 생각해보자.

만약 그렇게 했을 때 내가 위험에 처하지 않게 예방하는 방법이 있을까? 만약 위험한 상황이 되었을 때 아무도 도와줄 수 없는 상황이라면 그 위험에서 빠져나올 수 있는 방법이 있을지도 생각해봐야 한다.

온라인보다는 오프라인!

온라인에서 알게 된 사람을 실제로 꼭 만나야 한다면 혹시라도 일어날 수 있는 수많은 위험한 상황을 상상해보고 계획을 세워야 한다. 그리고 내가 그 사람에 대해서 얼마나 잘 알고 있는지도 다시 생각해봐야 한다.

또 하나 중요한 것은 만약에 만나러 나가더라도 어떤 사람을 어디에서, 몇 시에 만나는지 누군가에게는 말을 해줘야 한다. 친한 친구도 좋고 편한 어른도 좋다. 많은 청소년들이 온라인에서 만난 친구를 만나러 갈 때 부모님이 걱정하고 못 나가게 할까 봐 비밀로 하고 나가는 경우나 아무한테 말하지 않고 만나는 경우가 있는데, 아무도 모르면 혹시라도 일어날 위험한 상황에서 누구도 도와줄 수가 없다.

아무 일도 일어나지 않기를 바라지만, 혹시라도 안 좋은 일이 일어나는데 아무도 몰라서 도와주지 못하면 최악의 경우에는 목숨을 잃을 수도 있기 때문에 만약을 대비해서 누군가에게는 정확한 날짜와 시간, 만나는 사람에 대해 꼭 알려주고 만나야 한다. 혹은 친구와 함께 나가는 것도 미약하지만 도움이 되는 한 가지 방법이 될 수 있다.

그런데 이런 경우도 있다. 온라인에서 만났지만 알고 보니 아는 사이거나, 친구의 친구거나 하는 경우다. 온라인에서 만났지만 실제로도 같은 동네 친구였고 오프라인에서도 직접 만나 좋은 친구로 지내고 싶다면 부모님께 이야기하고 첫 만남은 부모님과 함께 갈 수도 있을 것이다.

여러 가지 경우가 있겠지만 이런 질문을 하는 것 그리고 엄마가 못 만나게 할 것 같다는 걱정을 하는 데에는 이유가 있을 것이다. 그 이유가 뭔지, 뭐가 불안한지 스스로 진지하게 생각해보자.

온라인에서 만난 사람을 실제로 만나는 것은 사실 너무 위험한 일이다. 코로나19 때문에 학교도 잘 안 가고 친구들을 만날 수도 없어서 많이 심심하고 외롭겠지만, 그럼에도 불구하고 일상에서 내 주위에 있는 사람들과 대화를 많이 하고 동네나 학교 친구들을 만나기 바란다. 재미와 호기심 때문에 스스로를 위험에 몰아넣지 않았으면 좋겠다.

성은 누구나 가질 수 있는 공평한 선물

"강사님은 나중에 아기 낳으면 엄청 잘 키우시겠어요."

교육을 다니거나 내 직업을 아는 사람들이 종종 나에게 하는 말이다. 그럴 땐 그냥 여유롭게 웃어 보이곤 했다. 그러나 종종 이런 생각을 한다.

'아기를 낳는다면 나는 과연 내가 양육자들에게 교육하는 것처럼 할 수 있을까?'

올해 결혼을 앞두고 있다. 그리고 얼마 전 여동생이 둘째를 출산했다. 내 인생의 발달 과정 속에서 내가 맞이하고 있는 이 상황들을 통해 가정을 이루는 것과 부모 됨에 대해 요즘 더 많은 생각을 하게 되는데, 생각을 하면 할수록 내가 강의 때 했던 말 하나하나의 무게를 새삼 느낀다. 부모란 실로 대단한 존재임을, 매일 새롭게 깨닫고 있다. 더불어 경력이 쌓일수록 내 말의 무게와 영향력이 커지는 것을 느낀다. 그리고 내가 어떤 부분을 더 노력해야 이 세상에 선한 영향력을 미칠 수 있을까 매일 고민하게 된다.

성교육 강사로서, 성상담 전문가로서, 회사를 운영하는 대표로서 수많은 고민들을 하지만, 역시 목표는 하나다. 사람들이 주체적으로 자신의 섹슈얼리티를 영위할 수 있도록 돕는 것, 그래서 충분히 행복한 삶을 살 수 있도록 돕는 것. 이 목표를 이루려면 나부터 행복하고 건강해야 한다고 생각한다. 그리고 끊임없이 공부하고 노력해야 한다.

전문가로서의 책임감을 매일 실감하기에, 멈추지 않고 지속적으로 배워나가고 고민해나가려고 한다. 고인물이 되지 않기 위해 발버둥치고 있고 그런 과정이 즐겁고 감사하다. 그 과정 중에 대학원 박사과정이 있었고, 박사과정이 끝난 지금은 미국 성교육가·성상담가·성치료사 협회(AASECTA, America Association Sexuality Educators, Counselors and Therapists)에서 성치료전문가 과정을 밟고 있다. 그 외에도 사회의 흐름을 반영한 성 관련 강의들을 발견할 때마다 망설임없이 참여하고 있다.

전문가는 나누는 것 못지않게 담는 것도 중요하다고 생각한다. 끝없는 배움을 통해 나의 그릇을 키우고 그 안에 좋은 내용물을 담아 내가 만나는 사람들과 아낌없이 공유하고 싶다.

나는 사람들에게 나를 소개할 때 '성 전문가'라는 타이틀을 쓰고 있다. 세계성학회에서는 성교육, 성상담, 성치료를 모두 할 수 있는 역량을 갖추고 자격이 있는 사람을 '성 전문가'라고 정의한다. 한국에서는 생소한 개념이지만 나의 목표는 '성 전문가'라는 타이틀이 부끄럽지 않은 성 전문가가 되는 것이다.

그리고 연령, 성별, 학벌, 지역 등의 차이로 인해 성교육에서 배제되거나 소외되지 않고 누구라도 성교육을 받을 수 있도록 자주스쿨에서 성교육의 대중화를 이끌고 싶다. 국내에서 '성 전문가'를 양성할 수 있는 시스템을 마련하는 것, 대학교 교양 필수 과목에 성교육을 넣는 것이 장기적인 목표다.

이 책의 마지막을 읽고 있는 양육자분들, 강의를 통해 만난 양육자분들, 아직 만나지 못했지만 곧 만나게 될, 늘 아이 생각이 머리에 가득한 이 세상 모든 양육자분들께 존경을 표한다.

끝으로 끊임없이 배우고 도전하는 것이 의미 있는 것임을 알려준 나의 부모님께, 나를 이 세상에 존재하게 해주시고 나를 양육하는 한순간 한순간 흘렸을 땀과 눈물에 말로 표현할 수 없는 감사를 드린다. 나와 새로운 가정을 이루고 함께 팀을 이뤄 아이를 양육하게 될 나의 짝꿍에게도 고마움과 사랑을 전한다.

이 일을 하면서 많은 스승과 은인을 만났다. 나를 더 나은 대표로, 멈춰 있지 않는 강사로 만들어주는 우리 자주스쿨 이석원 대표, 문성은 책임강사, 하예린 매니저, 김채원 강사, 고다령 강사, 윤초롱 강사에게 사랑과 감사 인사를 전하고 싶다. 그리고 사랑하고 존경하는 교수님들께 진심으로 감사드린다. 자주스쿨

협력 강사님들, 자주스쿨과 함께 꿈꾸는 자몽님들에게도 마음을 전한다. 늘 진심으로 응원해주는 나의 든든한 지원군, 희망나무 식구들에게도 감사한 마음을 전한다.

나를 믿고 책을 쓰게 해주신 라온북 조영석 소장님과 라온북의 모든 식구들께 진심을 담아 다시 한번 감사의 마음을 전하고 싶다.

성은 선물이다. 누구나 가질 수 있는 공평한 선물이다. 세상 모든 사람들이 자기가 가질 수 있는 이 선물로 인해 행복을 느낄 수 있도록 힘닿는 데까지 최선을 다해 사람들과 소통하고 싶다.

2021년 화창한 봄날에
김민영

성교육·성상담 전문 기관 자주스쿨을 소개합니다

자주스쿨이란?

자(自)주(主): 자유롭게 생각하고, 주체적으로 살아가다.

자주스쿨은 유아부터 노년까지 전 생애에 걸쳐 바른 성 지식 습득과 성 의식 제고를 도와 사회의 밝고 안전한 성문화 정착을 이끌어가는 성교육·성상담 전문 기관이다. 성교육의 대중화를 목표로 하고 있으며, 전국에 있는 전 연령을 대상으로 교육과 상담을 진행하고 있다.

자주스쿨 프로그램 소개

1. 개인 성교육 컨설팅

상황에 따라 개인적인 상담 및 교육이 필요한 분들을 대상으로 전문적인 컨설팅을 진행한다. 기본적인 성교육뿐만 아니라, 성과 관련된 심리적 어려움이나 고민을 전문가와 함께 해결해나갈 수 있도록 돕는다.

2. 소그룹 성교육

8세부터 19세까지 2~6명의 또래로 구성된 소그룹으로 진행하는 성교육이다. 일반 성교육과 달리 교육 대상의 성장 상태, 지식수준에 따라 필요에 맞는 적절한 교육을 진행한다.

자녀 성교육과 양육자 피드백 시간을 합쳐 총 100분 동안 진행한다. 장소는 자주스쿨에서 하거나 출장 교육도 가능하다. 교육자와 학습자 간의 상호작용이 원활해 단체 성교육보다 더 실질적이고 효과적이다.

3. 양육자 소그룹 성교육

단체가 아닌 개인이 원할 때 받을 수 있는 양육자 프로그램으로, 최대 8명까지 진행이 가능하다. 자녀 성교육에 대한 고민이 있거나 자녀 성교육을 잘하고 싶은 양육자를 위한 소그룹 성교육이다. 지인이나 같은 지역 양육자가 소수 인원을 모으면 자주스쿨에서 또는 출장 교육으로 진행한다. 자녀의 성 질문이나 행동에 대처하는 방법과 자녀 성교육 전반에 대해 구체적으로 교육받을 수 있다.

4. 메타버스 성교육

메타버스 플랫폼을 활용해 성교육을 진행한다. 아동·청소년들이 좋아하는 메타버스를 활용해 흥미를 유발하고 성교육의 효과를 증대시킨다. 양육자들의 경우 어렵고 낯설게 느껴질 수 있는 메타버스 사용법부터 활용법까지 익히도록 한다. 아이들뿐만 아니라 어른에게도 메타버스 안에서 성에 관한 대화와 소통을 통해 메타버스의 순기능을 경험하게 한다.

5. 특강

기업, 학교, 기관 등에서 다양한 대중을 만나 특강을 진행한다. 횟수, 강의 시간, 주제는 협의 가능하다. 강의 요청자와 대중의 요구를 파악하여 만족도 높은 강의를 제공한다.

6. 자주스쿨 성교육 전문 강사 양성 과정

대한민국의 밝고 안전한 성문화 확산을 위해 자주스쿨이 진행하는 성교육 전문 강사 양성 과정이다. 자주스쿨 강사뿐만 아니라 각계각층의 전문가들을 모서 다양하고 깊이 있는 교육을 진행한다. 특히 성에 관한 민감성을 가지고 사회 흐름을 반영한 교육을 진행하기 위해 노력하고 있으며, 전문성을 갖춘 성교육 강사를 양성하기 위한 전문 과정이다.

문의

전화번호: 02-583-1230 / 카카오톡: 자주스쿨 / 유튜브: 자주스쿨
홈페이지: jajuschool.com / 네이버 카페: cafe.naver.com/jajuschool
블로그: blog.naver.com/jaju_school
주소: 서울특별시 동작구 동작대로1길 18, 307호

북큐레이션 • 내 아이를 사랑으로 키우고 싶은 부모들을 위한 책

《딸아 성교육 하자》와 함께 읽으면 좋은 책. 부모가 이해와 공감으로 아이에게 사랑을 줄 때 가장 건강한 가정을 만들 수 있습니다.

건강한 화를 낼 수 있는 훈련법 수록

화 잘 내는 좋은 엄마

장성욱 지음 | 14,500원

이제 제대로 화내고 건강하게 풀자!
아이에게 불같이 화내는 엄마들을 위한 '분노 조절 지침서'

아이들에겐 죄가 없다. 아이들의 뇌는 아직 발달 중이고, 몸과 마음 모두 자라나느라 벅차 실수와 잘못을 연발할 수밖에 때문이다. 이때 부모가 할 일이란 아이의 실수에 괜찮다고 격려하며 응원해주는 일이다. 이 책은 언제, 어떻게, 어떤 방식으로 아이에게 엄마의 화를 전달할지를 조목조목 알려주며, 부모의 마음도 더불어 살펴볼 수 있도록 돕는다. 아이에게 버럭 소리를 지르고는 죄책감에 시달리는 부모, 어떤 특정한 상황에 유난히 화나는 부모, 자녀에게 제대로 화 한번 못 내는 부모 모두에게 필요한 지침서가 될 것이다.

육아비적성 종장의 생생한 육아 탐험기

육아비적성

한선유 지음 | 13,800원

육아 DNA가 실종된 곰손 엄마의
좌충우돌 육아 비적성 고백기

17년차 베테랑 초등교사가 임신과 출산, 육아를 거치며 자신이 이 일에 적성이 아님을, 완전한 아마추어이자 앞으로도 프로페셔널이 될 일은 없을 것임을 실감하는 처절한 체험기이자 육아 비적성인 세상의 많은 엄마들에게 음지에서 자책감에 떨지 말고 양지로 나와 당당히 육아 비적성을 외치자고 독려하는 응원의 메시지다. 육아가 비적성인 사람들이여, 못한다고 자책 말자. 못하는 게 아니라 적성에 안 맞는 것뿐이니. 엄마가 힘들면 아빠가 하면 되고, 그것도 힘들면 원장님이 하면 된다. 무엇을 선택하든 옳은 선택이다.

세상 쉬운 우리 아이 성교육

이석원 지음 | 13,800원

아이의 거침없는 질문에 난감한 부모들을 위한
난생처음 내 아이 성교육하는 법!

5,000회 이상 20만 명에게 성교육을 강의한 차세대 성교육 멘토인 저자가 엄마인 여자는 절대 모르는 아들 성교육하는 법을, 남자인 아빠는 절대 상상할 수 없는 딸성교육하는 법을 하나부터 열까지 친절하게 설명한다. 아들의 몽정과 자위를 엄마가 알고 딸의 생리를 아빠가 알게 된다면 저녁 식탁에서 가족들이 자연스럽게 성관계와 성평등, 아이들의 성문화까지 이야기하는 분위기를 이어갈 수 있다. 저자는 성교육의 필연성을 주장하는 데 그치지 않고 신뢰할 만한 근거와 통계를 담아 최신 트렌드를 반영한 성교육의 실전을 들려준다. 유아부터 십대까지 한 권으로 끝낼 수 있는 부모 성교육 교과서라 할 만하다.

세상 쉬운 첫아이 육아

조신혜 지음 | 14,500원

첫아이를 건강하게 잘 키우고 싶은
부모가 꼭 알아야 하는 육아 안내서

첫 아이가 생겨 걱정에 휩싸인 부모들에게 든든한 지원군이 바로 여기 있다. 《세상 쉬운 첫아이 육아》는 모유 수유는 어떻게 해야 하는지, 아기를 씻길 때는 어떤 걸 주의해야 하는지, 계속 울면서 잠들지 않는 아기는 어떻게 해야 하는지 등 첫 부모로서의 고민들을 해결해줄 수 있는 내용을 담았다. 또한 모유 수유 전문가인 저자가 다양한 모유 수유 사례에 대해 설명하면서 여러 가지 궁금증들을 해결해주고 있다. 사랑으로 키우고 싶은 첫아이, 더욱 건강하게 키우고 싶다면 이 책과 함께 첫 육아를 시작하길 바란다.